Roberto Gervitz

Brincando de Deus

Roberto Gervitz

Brincando de Deus

Evaldo Mocarzel

imprensaoficial

São Paulo, 2010

GOVERNO DO ESTADO
DE SÃO PAULO

Governador Alberto Goldman

imprensaoficial Imprensa Oficial do Estado de São Paulo

Diretor-presidente Hubert Alquéres

Coleção Aplauso

Coordenador Geral Rubens Ewald Filho

No Passado Está a História do Futuro

A Imprensa Oficial muito tem contribuído com a sociedade no papel que lhe cabe: a democratização de conhecimento por meio da leitura.

A Coleção Aplauso, lançada em 2004, é um exemplo bem-sucedido desse intento. Os temas nela abordados, como biografias de atores, diretores e dramaturgos, são garantia de que um fragmento da memória cultural do país será preservado. Por meio de conversas informais com jornalistas, a história dos artistas é transcrita em primeira pessoa, o que confere grande fluidez ao texto, conquistando mais e mais leitores.

Assim, muitas dessas figuras que tiveram importância fundamental para as artes cênicas brasileiras têm sido resgatadas do esquecimento. Mesmo o nome daqueles que já partiram são frequentemente evocados pela voz de seus companheiros de palco ou de seus biógrafos. Ou seja, nessas histórias que se cruzam, verdadeiros mitos são redescobertos e imortalizados.

E não só o público tem reconhecido a importância e a qualidade da Aplauso. Em 2008, a Coleção foi laureada com o mais importante prêmio da área editorial do Brasil: o Jabuti. Concedido pela Câmara Brasileira do Livro (CBL), a edição especial sobre Raul Cortez ganhou na categoria biografia.

Mas o que começou modestamente tomou vulto e novos temas passaram a integrar a Coleção ao longo desses anos. Hoje, a Aplauso inclui inúmeros outros temas correlatos como a história das pioneiras TVs brasileiras, companhias de dança, roteiros de filmes, peças de teatro e uma parte dedicada à música, com biografias de compositores, cantores, maestros, etc.

Para o final deste ano de 2010, está previsto o lançamento de 80 títulos, que se juntarão aos 220 já lançados até aqui. Destes, a maioria foi disponibilizada em acervo digital que pode ser acessado pela internet gratuitamente. Sem dúvida, essa ação constitui grande passo para difusão da nossa cultura entre estudantes, pesquisadores e leitores simplesmente interessados nas histórias.

Com tudo isso, a Coleção Aplauso passa a fazer parte ela própria de uma história na qual personagens ficcionais se misturam à daqueles que os criaram, e que por sua vez compõe algumas páginas de outra muito maior: a história do Brasil.

Boa leitura.

Alberto Goldman
Governador do Estado de São Paulo

Coleção Aplauso

O que lembro, tenho.
Guimarães Rosa

A *Coleção Aplauso*, concebida pela Imprensa Oficial, visa resgatar a memória da cultura nacional, biografando atores, atrizes e diretores que compõem a cena brasileira nas áreas de cinema, teatro e televisão. Foram selecionados escritores com largo currículo em jornalismo cultural para esse trabalho em que a história cênica e audiovisual brasileiras vem sendo reconstituída de maneira singular. Em entrevistas e encontros sucessivos estreita-se o contato entre biógrafos e biografados. Arquivos de documentos e imagens são pesquisados, e o universo que se reconstitui a partir do cotidiano e do fazer dessas personalidades permite reconstruir sua trajetória.

A decisão sobre o depoimento de cada um na primeira pessoa mantém o aspecto de tradição oral dos relatos, tornando o texto coloquial, como se o biografado falasse diretamente ao leitor.

Um aspecto importante da *Coleção* é que os resultados obtidos ultrapassam simples registros biográficos, revelando ao leitor facetas que também caracterizam o artista e seu ofício. Biógrafo e biografado se colocaram em reflexões que se estenderam sobre a formação intelectual e ideológica do artista, contextualizada na história brasileira.

São inúmeros os artistas a apontar o importante papel que tiveram os livros e a leitura em sua vida, deixando transparecer a firmeza do pensamento crítico ou denunciando preconceitos seculares que atrasaram e continuam atrasando nosso país. Muitos mostraram a importância para a sua formação terem atuado tanto no teatro quanto no cinema e na televisão, adquirindo, linguagens diferenciadas – analisando-as com suas particularidades.

Muitos títulos exploram o universo íntimo e psicológico do artista, revelando as circunstâncias que o conduziram à arte, como se abrigasse em si mesmo desde sempre, a complexidade dos personagens.

São livros que, além de atrair o grande público, interessarão igualmente aos estudiosos das artes cênicas, pois na *Coleção Aplauso* foi discutido o processo de criação que concerne ao teatro, ao cinema e à televisão. Foram abordadas a construção dos personagens, a análise, a história, a importância e a atualidade de alguns deles. Também foram examinados o relacionamento dos artistas com seus pares e diretores, os processos e as possibilidades de correção de erros no exercício do teatro e do cinema, a diferença entre esses veículos e a expressão de suas linguagens.

Se algum fator específico conduziu ao sucesso da *Coleção Aplauso* – e merece ser destacado –, é o interesse do leitor brasileiro em conhecer o percurso cultural de seu país.

À Imprensa Oficial e sua equipe coube reunir um bom time de jornalistas, organizar com eficácia a pesquisa documental e iconográfica e contar com a disposição e o empenho dos artistas, diretores, dramaturgos e roteiristas. Com a *Coleção* em curso, configurada e com identidade consolidada, constatamos que os sortilégios que envolvem palco, cenas, coxias, sets de filmagem, textos, imagens e palavras conjugados, e todos esses seres especiais – que neste universo transitam, transmutam e vivem – também nos tomaram e sensibilizaram.

É esse material cultural e de reflexão que pode ser agora compartilhado com os leitores de todo o Brasil.

Hubert Alquéres
Diretor-presidente
Imprensa Oficial do Estado de São Paulo

Apresentação

Embora com poucos títulos no currículo como diretor, Roberto Gervitz tem presença marcante na trajetória do cinema brasileiro. *A História dos Ganha-Pouco* teve boa repercussão num circuito alternativo de sindicatos, associações de bairro e universidades num momento complicado da história do nosso País: o final dos anos 70. Já *Braços Cruzados, Máquinas Paradas* é um marco no documentário brasileiro. Os dois filmes foram realizados por Roberto Gervitz e Sérgio Toledo Segall.

Além das esplendorosas imagens de Aloysio Raulino, captando a dramaticidade e, principalmente, a humanidade nos rostos dos trabalhadores na porta das fábricas, o segundo documentário inovou e criou polêmica ao encenar um momento de greve justamente diante das máquinas, com os trabalhadores de braços cruzados, uma filmagem impensável naqueles tempos de regime militar. *Braços Cruzados, Máquinas Paradas* é uma obra seminal do nosso cinema, que foi analisada com muito rigor e clarividência pelo mestre Jean-Claude Bernardet no livro *Cineastas e Imagens do Povo*.

Feliz Ano Velho é outro título marcante realizado por Roberto Gervitz, com uma direção de fotografia muito ousada e belíssima assinada por Cesar Charlone. O impacto desse filme permanece até hoje indelével na minha mente. E ainda *Jogo Subterrâneo*, com um roteiro tão engenhoso que mais parece um labirinto de camadas da condição humana, construído a partir de conto de Julio Cortázar.

Brincando de Deus é bem mais que uma análise, uma revisão do processo desses filmes feita pelo próprio cineasta. Esse livro é um exercício de coragem, humildade, generosidade, rigor e reflexão sobre os próprios erros e acertos, angústias, obsessões, tristezas e alegrias nessa aventura existencial que é fazer cinema. Ao enveredar por estas páginas, descobrimos um ser humano sensibilíssimo, sincero e sempre muito rigoroso consigo mesmo, por vezes até em demasia. Roberto é um amigo que todos nós precisamos ter e um realizador obstinado, motivo de orgulho da nossa cinematografia, fruto dessa dualidade apontada por Cacá Diegues como condição *sine qua non* para se fazer filmes no Brasil: obsessão e paciência, muita paciência.

Além dos filmes que realizou como diretor, Roberto Gervitz está capilarizado nos bastidores do cinema brasileiro em projetos e histórias que envolveram personalidades importantes, como Hector Babenco, Ana Carolina, Francisco

Ramalho Jr., Renato Tapajós, Maureen Bisilliat, Silvio Renoldi, Hugo Gama, Leopoldo Serran, Jorge Duran, Lauro Escorel, Pedro Farkas, Sérgio Muniz, Adrian Cooper, Guilherme de Almeida Prado, Carlos Ebert e Cláudio Kahns, entre muitos outros.

Ao terminar de ler o livro, me senti diante de um espelho: há um efeito muito forte de reflexividade sobre nós mesmos após o relato sincero de Roberto Gervitz, sempre com a sua refinada sensibilidade à flor da pele. Acabamos nos deparando com a nossa própria humanidade, inseguranças, obsessões, buscas existenciais, tropeços, recomeços; enfim, mais que uma análise de processos artísticos, este livro é uma profunda aula de vida. Uma pequena grande obra sobre as contradições do próprio ato de viver a cada dia.

Evaldo Mocarzel

a
Vera e Isabel

Nota

O homem só é inteiramente
humano quando brinca.
Friedrich von Schiller

Tenho responsabilidade no atraso deste livro, cuja publicação deveria ter ocorrido há pelo menos dois anos. Entre outras coisas, eu me perguntava se três filmes de longa-metragem o justificariam; considero-me um cineasta ainda *na estrada*. Embora trabalhe em cinema desde meus 18 anos, e tenha portanto 34 anos de carreira profissional, realizei poucos filmes. A razão principal é sem dúvida a inconsistência estrutural da atividade cinematográfica em nosso país que, após quase 100 anos de existência, não pode ser considerada uma indústria. Mas só isso não explica; creio que características de minha personalidade e aspectos de minha trajetória de vida tiveram também o seu papel.

Em setembro de 2005, Evaldo Mocarzel e eu nos reunimos durante cinco dias seguidos para que eu lhe prestasse um longo depoimento. Eu não estava atravessando um bom momento. Lançado há poucos meses, *Jogo Subterrâneo*, meu mais recente filme de ficção, projeto ao qual me dedicara por pelo menos dez anos, tivera um desempenho bem aquém de minhas expectativas nas bilheterias. Meu depoimento foi confuso e sem energia. Me limitei a repetir coisas que eu já formulara e, embora me esforçasse, não encontrei motivação na maior parte do tempo.

Após idas e vindas, acabei convencido por Mocarzel – pessoa em quem admiro o entusiasmo sempre renovado, a generosidade e o talento – a retomar o projeto deste livro.

Preocupei-me em resgatar as minhas experiências com um certo nível de detalhismo, pois creio que as generalidades não são capazes de colocar o leitor em contato com a nossa lida. Procurei registrar não só os meus filmes mais pessoais, mas também trabalhos que fiz como contratado, bem como certos projetos que desenvolvi, de modo que o conjunto expressasse minha forma de trabalhar e pensar o que faço.

Os filmes que realizei até hoje nasceram de questões que a vida me colocou e os de ficção, sem dúvida, foram produto de crises pessoais que, no meu sentir, precisavam se consubstanciar em algo *concreto*, material; queria exorcizar as ruminações paralisantes – amarras que me impediam de seguir adiante em minha vida. Ao mesmo tempo, queria crer, com a dose de pretensão sempre necessária, que meus trabalhos possibilitariam ao público um diálogo, uma reflexão e um mergulho emocional que tantos filmes haviam me propiciado.

Fazer filmes sempre representou para mim um momento privilegiado de refletir e crescer impulsionado pela paixão de realizar, de me sentir atado à vida e à expressão. Durante muito tempo fui escravizado pelo perfeccionismo; isso em nada me ajudou ou aos meus filmes. Sem abrir mão do rigor, aprendi com o tempo a valorizar a imperfeição por ter mais a ver comigo e com todos os homens. Mesmo que pense que fazer filmes é brincar de ser Deus, aprendi a não levar essa brincadeira tão a sério. Principalmente ao perceber o quão imperfeito Deus deve ser para ter criado o homem e a mulher, protagonistas dessa cruel e ao mesmo tempo maravilhosa odisseia, sempre renovada nestes confins do Universo onde se esconde o nosso pequeno planeta.

O cinema sempre me aproximou da vida, seja pelos filmes que vi, daqueles que fiz e dos mundos aos quais fui levado – todos facetas de um mesmo todo, de um mesmo ser que trazemos em nós. Sempre preferi os filmes aos diretores, muitas vezes automistificadores ou mistificados.

Certa vez, encontrei Jean-Claude Bernardet que, depois de perguntar se eu preparava um novo filme, perguntou-se em voz alta, quem sabe com uma crueldade inconsciente (ou seria minha?), *por que não se fazia um livro com todos os projetos desenvolvidos por cineastas brasileiros que não haviam saído do papel?* A resposta me parecia óbvia: aquele livro seria uma espécie de listagem de sonhos abortados, de horas, meses e até anos que ficaram no meio do caminho, muitas vezes sem sequer morrerem na praia.

No entanto, para este livro, ao escrever sobre alguns de meus projetos que ficaram no papel, não me senti mal. Eles fazem parte de meu ofício e de minha busca; se deram sentido à minha vida por um tempo, se mantiveram aceso meu desejo de filmar e afastaram a minha frustração, estão plenamente justificados.

Mas deixemos de lado as ideias e vamos aos fatos. São eles a matéria das histórias...

Roberto Gervitz

Capítulo I

A Música do Cinema

Não lembro do dia em que disse a mim mesmo: *Eu quero fazer cinema.* Sempre gostei muito de ver filmes, mas já na infância me apaixonei pela música. Devo isso aos meus pais que ouviam quase todos os gêneros na vitrola – música erudita, instrumental, bossa nova, samba, tango, MPB, jazz, folclore brasileiro e latino-americano, *pop*, *rock*, etc. Lembro-me de estar sempre com uma música tocando dentro de mim. Comecei a estudar violão com seis anos e, mais tarde, alimentei durante um bom tempo o desejo de ser instrumentista.

Foram mais de doze anos de estudos – do violão popular ao erudito. Passava horas em meu quarto improvisando. Gostava bastante de ler, mas nada alimentava a minha alma como a música.

Cresci na Vila Mariana, em uma pequena mas simpática casa geminada, onde eu e meus dois irmãos menores, Marcelo e Betty, dormíamos no mesmo quarto. Nossos pais nos colocaram em boas escolas e, embora nossa vida não tivesse luxos, nada nos faltava. Passei as tardes de minha infância na rua Bagé, jogando bola no paralelepípedo com a *molecada*, empinando papagaios,

Meu primeiro violão – um Giannini pequeno.

fazendo *expedições* a um córrego fedorento e metido em guerras de mamona.

Luis Gervitz, meu pai, conhecera minha mãe no avião que o levava de volta a Buenos Aires, em sua visita anual à família. Ele vinha de Nova York, onde trabalhava como químico em um centro de pesquisas sobre câncer[1]. Aquela que viria a ser minha mãe, Bella Regina Kupper, embarcou no mesmo avião que fazia escala em Curitiba, onde morava; ela havia se formado em Farmacologia e recebera uma bolsa para estudar em Buenos Aires. Nove meses depois daquele voo, os dois se casaram.

Lito e *Belinha* foram morar em Nova York, onde trabalharam no mesmo centro de pesquisas a que já me referi. Assim, pouco tempo depois, acabei nascendo nessa cidade, onde morei somente durante o meu primeiro ano de vida[2]. Mais tarde, já no Brasil mas ainda criança, eu me fascinava com as fotos de minha mãe passeando comigo pelas ruas e parques tomados pela neve. Já na adolescência, revoltado contra o *imperialismo* yankee, eu me envergonhava

---

[1] Sloan-Kettering Institute (SKI), ligado ao Memorial Hospital.

[2] Vinte anos depois, me naturalizei brasileiro.

Meu pai e eu, na casa da Rua Bagé, em São Paulo

de minha origem americana e tinha pesadelos de ser chamado para lutar no Vietnã. Logo que atingi a maioridade, finalmente pude optar pela nacionalidade brasileira.

Aos 13 anos ganhei de meu pai um violão de concerto, feito a mão; cheguei a tocar muito bem. Mas, para além da capacidade auditiva quase absoluta que eu possuía e talvez graças a ela, desenvolvi uma autocrítica demolidora. Comparava a interpretação dos grandes violonistas que escutava com o som que eu produzia e me torturava. Assim, a disciplina de estudos (que ninguém me impunha) foi transformando o violão em uma obsessão e matou um dos maiores prazeres que eu já tive.

Isso com certeza expressava a maneira como me relacionei com as angústias de minha adolescência, quando aconteceu a prematura morte de meu pai e outras mortes em minha família, todas ocorridas num curto espaço de tempo. A morte, a fragilidade da vida, passou a ser uma preocupação importante para mim a partir daí e durante longo período.

Na mesma época, dois grandes amigos: Eduardo Seincman, hoje músico e compositor, e Sergio

Com a Queensborough Bridge, de Manhattan, ao fundo. Só voltaria aos EUA depois dos 20 anos

Minha mãe e eu no espelho, em NY. Bandeiras do Brasil e da Argentina

Toledo Segall[3] começaram a fazer filmes em Super-8[4], na época uma febre que se alastrava pelos grandes centros. Sergio, amigo de infância, com quem mantenho grande amizade até hoje, ganhara um câmera de seu pai. Cheguei a compor a trilha musical para seu filme chamado *O Recital* que era baseado nas poesias de Carlos Queiroz Telles, poeta e dramaturgo paulistano e que acabou proibido de ser exibido num festival, pois os versos declamados pelo personagem foram considerados *subversivos*. Para o filme de Eduardo, chamado sintomaticamente *O Sistema*, também elaborei uma trilha, espécie de colagem musical que combinava Bartok e Pink Floyd, presente em todas as trilhas de filmes em Super 8 da época. Já nesses anos, descobri um lado lúdico, muito prazeroso, nas possibilidades criativas da edição de som.

O Super-8, que representou para a época o que hoje são as câmeras digitais amadoras, foi uma grande escola. Os festivais de filmes nessa bitola, organizados por Abrão Berman, reuniam muita

---

[3] Diretor de *Vera* e *A Guerra de Um Homem Só*. Com quem codirigi *Parada Geral, A História dos Ganha-Pouco* e *Braços Cruzados Máquinas Paradas*.

[4] O Super-8 foi uma bitola desenvolvida para substituir a 8mm, usada por amadores.

gente e levantavam polêmica em torno de uma produção livre, ousada, precária e primitiva.

Essa aproximação com o cinema, via música e amizade, também se apoiava no fato de que ver filmes era um hábito quase diário para muitos de nossa geração. Sou de 1957 e cresci sob a ditadura militar instaurada com o golpe de 1964. A nossa geração atravessou a juventude no auge desse regime, sob repressão e censura rigorosa, cercada por *slogans* como *Brasil, ame-o ou deixe-o* ou *Este é um país que vai pra frente*, em um ambiente sociocultural claustrofóbico. O cinema era uma espécie de *coelho-de-alice* que nos levava a outros mundos que, por sua vez, se abriam para mais outros.

Nós, jovens de classe média, quase não tínhamos contato com outras classes sociais. Tive a sorte de, na infância, morar em um bairro onde a *molecada* brincava na rua e esse encontro, ainda que relativo, era possível. Também não existiam os condomínios fechados como *bunkers* que há hoje e circulávamos de ônibus por toda a cidade, desde pequenos. Paradoxalmente, a juventude atual que vive nas grandes cidades, nascida na democracia, é até mais isolada; mas por razões bem diferentes – raros são os que querem sair do casulo dos condomínios e dos *shopping centers* – há bem pouca curiosidade em relação ao outro.

Porém, sob a ditadura, toda a relação dos jovens universitários e secundaristas de classe média com os segmentos mais pobres da sociedade era reprimida e vista com receio e desconfiança por estes últimos. O medo reinava em nosso país.

Capítulo II

Descobrindo os Filmes e a Vida

Por meio de filmes vistos em sua maioria no minúsculo Cine Bijou, tolerante com a censura por faixa etária, eu vivia por procuração (como já dissera Henry Miller sobre a leitura). Nos abríamos para outras culturas ao mesmo tempo que mergulhávamos em nós mesmos; descobríamos as questões da existência, o amor, a miséria, a morte, as revoluções políticas e comportamentais, libelos de transformação e linguagens libertárias, a explosão da liberdade sexual e da rebeldia, o questionamento da sociedade e do próprio cinema.

A descoberta do cinema, que se confundia com a descoberta da vida, despertou o meu amor pelos filmes e já no primeiro ano do ensino médio, fundei o cineclube do Colégio Santa Cruz. Lá havia apenas um velho projetor B&H 16 mm, encostado; pedi para reformá-lo. Eu mesmo armava a tela e ajeitava as carteiras em uma grande sala de aula sem declive. Mandava a programação de filmes para ser publicada no *Jornal da Tarde* em seção dedicada aos cineclubes – muito difundidos na época, notadamente em algumas escolas *progressistas* e no ambiente universitário, no qual também cumpriam um papel político junto aos centros acadêmicos.

Eu ia buscar as cópias – alugadas na Polifilmes, distribuidora que ficava na Rua do Triunfo, a chamada Boca do Lixo, e também na Cinemateca Brasileira (ainda em precárias instalações no Parque do Ibirapuera) – e preparava os textos sobre os filmes, pesquisando na Biblioteca do Museu Lasar Segall que naquela época recebia exemplares de publicações importantes como *Cahiers du Cinéma* e *Cine Cubano*. Eu redigia um folheto sobre cada filme, mimeografava e distribuía para a moçada que vinha às sessões que aconteciam nas sextas-feiras à noite.

Um pouco mais tarde, novos amigos, que viriam a ser para toda a vida, se juntaram ao trabalho – Soninha Mindlin, Luiz Henrique Xavier[5], entre outros. Projetamos muitos filmes – brasileiros (de Humberto Mauro ao Cinema Novo), europeus, norte-americanos, do Leste europeu – em geral com bom índice de frequência, mesmo para filmes de cinematografias menos conhecidas. Certa vez houve um protesto de pais e alguns professores que não admitiram a projeção de

---

[5] Músico e compositor das trilhas musicais de meus três filmes, entre outros trabalhos.

um filme de Peckimpah: *Sob o Domínio do Medo* (*Straw Dogs*). Mas não houve interferência em nossa programação (como seria isso hoje?). Eu tinha um imenso prazer naquela atividade, pois acreditava que ela abria novas janelas para meus colegas e isso dava um sentido enorme àquele trabalho.

Sergio Segall, Luiz Henrique Xavier e eu entramos na Faculdade de Ciências Sociais. O primeiro, um ano antes, pois era mais velho que Xavier e eu. O ambiente na USP e mesmo nas escolas de segundo grau era muito politizado. No Colégio Santa Cruz, durante o 1° semestre de 1975, dois professores foram presos pela polícia política da ditadura militar. Meses depois, ocorreria o assassinato de Vladimir Herzog nas dependências da Oban. No dia em que foi rezada a missa ecumênica para Herzog na Praça da Sé, as vias da cidade foram bloqueadas para impedir que as pessoas participassem do ato. A cidade parou.

Naquela mesma época, fui buscar Adoniran Barbosa que daria um *show* na escola durante o qual iríamos vender um importante jornal alternativo chamado *Extra*, cuja chamada de capa era o longo depoimento de Clarice Herzog no qual ela afirmava não acreditar que seu marido tivesse se suicidado. Depois do *show* do grande sambista paulistano, altas horas, acompanhado por meu irmão Marcelo e o, hoje, ator Arthur Kohl, outro grande amigo de infância, levei Adoniran para sua casa em Diadema, o porta-malas tomado por exemplares do *Extra* que não tinham sido vendidos no evento.

Depois de parar numa padaria onde, já bem idoso, Adoniran virou uns dois conhaques e, deixá-lo em casa, voltei ao centro pela Av. Vereador José Diniz. Madrugada, fui atravessando os semáforos vermelhos quando recebi dois sinais de farol alto; olhei no retrovisor e me dei conta que vinha sendo seguido há um bom tempo por uma Veraneio cinza da temida Rota, com as luzes apagadas. Descemos e fomos revistados sob a mira de metralhadoras. Enquanto os bancos do Corcel-quatro-portas eram retirados e eles repetiam: *Cadê a maconha? Cadê a maconha?*, eu me perguntava o que aconteceria no momento em que o porta-malas fosse aberto; coisa que inexplicavelmente não ocorreu. Teriam esquecido ou achavam que os jovens da época não colocavam maconha no porta-malas? Quem sabe já estariam com muito *mato* na cabeça e não precisavam de mais...

Neste mesmo ano de 1975, aconteceu uma greve na Escola de Comunicações e Artes da USP que durou cerca de seis meses; foi a primeira grande greve estudantil depois das lendárias manifestações estudantis ocorridas em 1968. O Sergio Segall teve a ideia: *Vamos fazer um documentário sobre essa greve!* Havia passeatas (modestas) no *campus* da universidade, tudo parou durante seis meses na ECA; o movimento exigia a saída do autoritário diretor Manuel Nunes Dias que nada tinha a ver com comunicações, muito pelo contrário.

Partimos para um documentário em Super-8, que também contou com Hugo Lenzi[6] na equipe. Construímos o filme a partir de entrevistas com estudantes que não estavam engajados no movimento estudantil. Não nos preocupavam as lideranças, mas a maioria dos estudantes, alheios às discussões e divisões das várias *tendências* que repercutiam as organizações partidárias clandestinas.

O material ganhara sentido na edição, pois as entrevistas deixavam claro que o discurso da chamada *vanguarda* do movimento estudantil estava bem distante da grande maioria dos estudantes, ou da *massa*, como eram chamados. Sem tirar a importância da paralisação, mostramos que havia muitos estudantes apoiando a greve

---

6 Hoje é fotógrafo *still*. Era militante da tendência estudantil chamada Refazendo, ligada à AP (Ação Popular).

sem saber sequer de que se tratava; achavam ótimo ficar em casa.

O filme, que ficou com quinze minutos de duração, recebeu o título algo eisensteiniano de *Parada Geral*. O oferecemos ao movimento estudantil, mais precisamente à tendência *Refazendo* da qual éramos mais próximos. E o que aconteceu? Colocaram-no *na geladeira*. Ficou maldito, pois embutia uma crítica ainda que comprometida com o movimento, à atuação das lideranças.

Parada Geral é um filme bastante precário e primário no que diz respeito à linguagem. Quando terminamos de editá-lo, o mostramos a Renato Tapajós recém-saído da prisão onde passara cinco anos. Ele já escrevia o que se tornou um grande livro sobre sua experiência na guerrilha – *Em Câmera Lenta* – e voltava ao cinema com um documentário sobre autoconstrução[7], na periferia de São Paulo. Com o tempo, Renato se tornou um amigo com quem tive o prazer de trabalhar em vários projetos.

Ele fez várias observações a *Parada Geral*; a principal era que o filme não tinha propriamente um discurso cinematográfico. Nosso primeiro docu-

---

[7] *Fim de Semana*, codirigido com a arquiteta Ermínia Maricato.

mentário era calcado em trechos de entrevistas *em* off emendadas uma após a outra.

Como não era possível utilizar as entrevistas *sincronizadas*[8], às imagens foi dado o papel de precária ilustração ou suporte para o que era dito. Assim, a montagem acabou sendo uma edição de texto que poderia ser perfeitamente lida – limitação presente em muitos documentários realizados por *profissionais*, salvo aqueles em que tal tratamento se justifica. Não era o caso de *Parada Geral*.

A partir desse encontro, surgiu a ideia de montar um grupo de estudos sobre documentários. Nós nos reuníamos no Museu Lasar Segall e às vezes na ECA com Inês Villares, montadora, e Olga Futema, outra grande amiga e cineasta, na época esposa de Renato Tapajós. A partir de nossos estudos, tomamos contato com a Escola Inglesa, Dziga Vertov, Flaherty, Joris Ivens, Santiago Alvarez, o Fernando Solanas de *La Hora de los Hornos*, Chris Marker, os filmes produzidos por Thomas Farkas, Humberto Mauro e até os jornais da tela do DIP[9], produzidos na era getulista.

---

[8] O som sincronizado e diegético é aquele que corresponde ao exato momento em que alguém ou algo visto na tela produz algum ruído ou fala.

[9] Departamento de Imprensa e Propaganda.

Era curioso esse nosso estudo cinematográfico, pois raramente tínhamos acesso aos filmes produzidos pelos grandes documentaristas estrangeiros sobre os quais muito líamos. Não havia cópias por aqui, não só pelo fato de sermos um país pobre e ainda isolado culturalmente, mas sobretudo graças a uma ditadura obtusa e ignorante, como todas são, que nos proibia o acesso a qualquer coisa que lhe soasse como ameaça. Na dúvida, se proibia. Nesse contexto, a Mostra de São Paulo, criada e levada adiante por Leon Cakoff, foi de suma importância, bem como as mostras organizadas por Ademar Carvalhaes com os filmes de Wajda e outros autores do Leste Europeu, as mostras do Novo Cinema Alemão do Instituto Goethe e as sessões de clássicos no Lasar Segall.

Lembro-me do efeito causado pelo acesso a cópias, até então preservadas na casa do amigo e cineasta Sergio Muniz[10], de filmes como o *Céu e a Terra*, de Joris Ivens, e de *Hanói, Martes 13*, de Santiago Alvarez. Este último teve um grande

[10] Documentarista que dirigiu entre outros *Amizade*; *Roda & Outras Estórias*; *De Raízes e Rezas*; *Um a Um*; *Cheiro/Gosto – o Provador de Café*; *Cuíca*; *Berimbau*; *Rastejador s.m.*; *Beste* e *Andiamo In'Merica*, com exceção dos dois primeiros, para a Caravana Farkas.

impacto sobre mim, pois após um breve prólogo em que discorria sobre a tradição guerreira do povo vietnamita e ironizava o presidente Lyndon Johnson, o filme abandonava o discurso calcado em narração ou entrevistas para dar lugar a uma montagem de imagens que se relacionavam unicamente com a trilha musical composta por Léo Brower e alguns poucos ruídos. Fiquei marcado pela força e a contundência deste documentário sobre a guerra do Vietnã em que não se via uma única cena explícita de bombardeio ou combates e nem a denúncia dos efeitos da invasão do exército mais poderoso do mundo a esse pequeno país asiático. A ideia básica de *Hanói, Martes 13* era mostrar que, em seu dia-a-dia, os vietnamitas seguiam na construção e na reconstrução de sua vida, em um processo inexorável; o inclemente ataque americano somente transformava *El ódio en energia*, única cartela que aparecia ao longo do filme.

Tal visão mostrava ser possível e desejável fazer um filme em que o discurso fosse o do cinema, da montagem de imagens em movimento que não fossem a reboque das palavras, que não dependessem exclusivamente delas para ganhar sentido, mas que este nascesse da relação entre as próprias imagens e os sons. Era, em parte, o cinema reivindicado no manifesto[11] que grandes diretores soviéticos do cinema mudo haviam escrito quando do advento do cinema sonoro, sob o receio do empobrecimento da linguagem, o que veio a ocorrer.

Quem sabe, foi a partir desse momento que eu comecei a pensar na possibilidade real de fazer cinema. Sem perceber, eu me afastara paulatinamente da ideia de tornar-me um músico, mas não seria por acaso que eu me decidiria pela montagem como porta de entrada para o cinema. Intuitivamente eu percebia o que mais tarde ficou patente: embora o cinema seja uma arte narrativa, a dinâmica de um filme, sua fluência e seu discurso têm mais a ver com a música do que com qualquer outra linguagem.

Ao mesmo tempo, me fascinava a edição de som e sua relação com as imagens. Assim, se por um lado me afastei do sonho de ser um instrumentista, por outro, a música continuou me guiando de forma mais sutil e até mesmo inconsciente.

---

[11] Manifesto assinado por S.M. Eisenstein; V.I. Pudovkin e G.V. Alexandrov, em 1928. Está no livro *Teoria e Técnica Cinematográfica*, de Eisenstein.

Capítulo III

Câmera no Outro

Depois de *Parada Geral*, Sergio Segall e eu partimos para outro filme em Super-8, a meu ver mais interessante e mais resolvido cinematograficamente e que chegou até a ser bastante exibido em universidades e sindicatos: *A História dos Ganha-Pouco*.

Tal documentário nasceu como desdobramento de nosso grupo de estudos de cinema e do ambiente reinante na universidade onde aumentava o interesse pelas manifestações e organizações populares. Formou-se um grupo de trabalho flutuante por onde passaram Sarah Yakhni, Luiz Henrique Xavier, Sergio Magini, o *Serjão*, Antonio Carlos Castro, o *Taso*, Wanda Caldeira Brant, André Singer, Nora Pelbart, em sua maioria, ligados às Ciências Sociais.

Pode-se dizer que a realização deste filme foi fruto de um trabalho coletivo, principalmente nas pesquisas, mas até nas filmagens, em que Serjão foi o fotógrafo e Sarah nos acompanhou muitas vezes, bem como Xavier que mais tarde produziu a trilha musical e nos ajudou na mixagem. No grupo mais amplo, as discussões políticas que aconteciam no antigo e agradável apartamento onde moravam Wanda e Taso, na Rua Aracaju (o belo edifício foi demolido), eram a tônica e alimentavam o nosso trabalho.

Em 1974, houve uma importante eleição em todo o País para cargos ditos majoritários – senadores, deputados estaduais e federais – nas quais o MDB[12], que era a oposição consentida pelo regime militar, até então tido como *café com leite* pela grande maioria da população, obteve uma acachapante vitória sobre a Arena[13], o *partido do governo*. Foi um imenso *não* ao regime dado pelos brasileiros que, com isso, legitimavam o partido de oposição.

Em 1976, portanto dois anos depois, foram realizadas novas eleições; dessa vez para prefeitos e vereadores. José Álvaro Moisés[14], então nosso professor de Ciência Política, chamou a atenção para um fenômeno que estava ocorrendo nas periferias das grandes cidades. Como exemplo citou um bairro de Osasco, chamado Jardim

---

[12] Movimento Democrático Brasileiro.

[13] Aliança Renovadora Nacional.

[14] Anos mais tarde, já no governo FHC, Moisés se tornou Secretário do Audiovisual. Atualmente é professor titular do Departamento de Ciência Política/USP, entre outras funções.

D'Ávila, onde estavam surgindo candidatos a vereador de origem popular, egressos da associação de moradores. Segundo a sua análise, transformava-se a tradicional relação clientelista estabelecida com governantes e políticos; as classes populares começavam a perceber a importância de estarem presentes na política com representantes oriundos de seu próprio meio e condição social. Moisés comentou que alguns de seus alunos haviam desenvolvido uma pesquisa neste local e nos sugeriu que fôssemos até lá nos inteirar do que ocorria concretamente; aquilo poderia dar um filme.

Antes de começar a filmar, passamos cerca de cinco meses indo quase que diariamente ao Jardim D'Ávila, nos integrando aos moradores e conhecendo a região. Inicialmente percorremos o bairro guiados por aqueles que haviam desenvolvido a pesquisa por lá e portanto eram conhecidos. A nossa presença quase diária fez com que nos tornássemos parte da paisagem – entrávamos na casa das pessoas para tomar café, explicávamos o que estávamos fazendo e fomos conquistando a confiança de todos. Fazíamos questão de deixar claro que o objetivo era devolver àquelas pessoas o resultado de nosso trabalho; para nós o que quase sempre ocorria era uma espécie de apropriação daquela realidade por parte dos cineastas de classe média, cujos filmes raramente eram vistos pelas populações retratadas.

Da mesma forma, havia forte componente antropológico no que fazíamos, pois queríamos dar ênfase às mudanças que ocorrem no cotidiano em contraposição a uma visão que só valorizava os momentos de *pico revolucionário*.

Notamos grande desconfiança inicial, pois muita gente dali era atingida pela brutalidade policial e repressiva, presente nas mínimas situações do dia a dia. Havia o medo dos *estudantes* que podiam trazer problemas ao imiscuir-se no trabalho que vinha sendo realizado pelos moradores do bairro, avessos a *comunistas*.

Por essa época, a igreja católica e muitas tendências de esquerda desenvolviam importantes trabalhos de organização social e reivindicação por todo o País. Mas era um trabalho surdo, feito em silêncio, sem alarde ou fatos espetaculares; um trabalho de *formiga*, como era descrito.

Resolvemos centrar o foco de *A História dos Ganha-Pouco* em dois amigos que tinham se lançado candidatos a vereador: um pelo MDB e outro pela Arena. Já percebíamos essa necessidade de um recorte para que se pudesse ir mais fundo.

Passamos a acompanhar as campanhas de ambos os candidatos – no corpo a corpo com os moradores do bairro e nos comícios, flagrando a diferença entre os dois e entre os respectivos partidos. Certo dia subimos no ponto mais alto de Jardim D'Ávila, que ficava num vale quase totalmente ocupado por casas autoconstruídas e uma favela, para fazer uma panorâmica. Tal plano de tom quase monocromático, dado pelo cinza dos blocos de concreto, terminava em um boteco que tinha o nome de *Bar dos Ganha-Pouco*. Lá estava o título que procurávamos para o nosso filme.

Durante quase um ano frequentamos quase que diariamente o Jardim D'Ávila e rodamos as ruas e bairros de Osasco, registrando comícios que tinham um clima algo interiorano de festa de São João, com fogos, música, bandeirinhas e bebedeiras. Após os comícios, os políticos visitavam as casas dos moradores, levados por seus cabos eleitorais. Isso tudo era novo para nós que não conhecíamos os tradicionais hábitos políticos que reapareciam pouco a pouco em outro contexto. Houve um enorme comício na praça Antônio Menck, no centro de Osasco, onde pela primeira vez vimos discursar Ulisses Guimarães, figura de ponta no MDB e que mais tarde iria marcar a campanha das *Diretas já* e a Constituinte de

1988. Lá também estavam Franco Montoro e os chamados *autênticos do MDB*.

Eu, que jamais havia visto um comício, sentia que coisas importantes estavam ocorrendo no País. Havia uma espécie de sincronismo entre o meu crescimento, as mudanças que percebia em minha vida, na qual uma série de coisas novas acontecia, e as mudanças mais gerais que se prenunciavam ainda que de forma tímida. Meu mundo se ampliava ao mesmo tempo que o regime militar era obrigado a ceder mais espaço, a fazer concessões ainda que pequenas.

A História dos Ganha-Pouco procurou entrar no ritmo de vida das pessoas do Jardim D'Avila, sua visão de mundo, seus hábitos e sua luta para construir suas casas, criar o bairro e produzir o próprio lazer. Tudo em suas vidas era fruto do trabalho e nesse caso, do trabalho extra. A abordagem, em certos aspectos, lembrava muito os filmes de Flaherty e o cinema de observação em sua imersão no cotidiano. Queríamos humanizar a política e destacar a importância do dia a dia. Tudo foi conduzido por meio do discurso e da visão de mundo dos dois personagens, conhecidos por todos os vizinhos e decididos a *entrar para a política para ajudar o nosso bairro*.

Em filme, a pobreza dos bairros

Super-Oito mostra como é a vida na periferia

"Melhor se prejudicar com erro da gente". Este comentário feito por um popular, a respeito da falta de participação na escolha dos dirigentes políticos e da ausência de eleições resume o tema de "A História dos Ganha-Pouco", realizado por um grupo de jovens estudantes de Ciências Sociais em São Paulo. O filme foi projetado na quarta-feira última no auditório da Emplasa para dirigentes e coordenadores de algumas Associações Amigos de Bairro da Grande São Paulo, que no total tem 1500 entidades, das quais 800 são atuantes. E todos presentes ao debate foram unânimes em elogiar o grupo Tarumã — nome dado em homenagem a um filme de curta-metragem — que com aproximadamente 60 mil cruzeiros, cinco meses de pesquisa no Jardim D'Avila, Osasco e mais um para filmagens, realizou este curta-metragem de 30 minutos em super 8.

A Unidade Ação Comunitária, setor da Emplasa, organiza desde o ano passado uma série de encontros em seu auditório na avenida Brigadeiro Faria Lima, com lideranças das Sociedades Amigos de Bairro, no sentido de debater os problemas da Grande São Paulo, além de refletir e levantar questões sobre a participação comunitária "mesmo que algumas questões não sejam respondidas", como disse o representante da Emplasa, que fazia parte da mesa de debates, junto à Carlos Eduardo Rosmain, João Rienholf, Almir de Barros, líderes e coordenadores das SABs, José Álvaro Moisés, professor de Ciência Política e pesquisador dos movimentos sociais urbanos, Pedro Jacob, professor da Fundação Getúlio Vargas e Sérgio Segall, um dos realizadores de "A História dos Ganha Pouco", título tirado de um botequim em Osasco.

Nas discussões feitas após a projeção, diversas vezes levantou-se o problema da participação de representantes das SABs nas eleições legislativas e a tendência cada vez mais forte destas entidades a terem seus próprios candidatos que defendam os interesses dos bairros em vez de candidatos políticos profissionais" que aparecem só em épocas de eleição. E segundo, Álvaro Moisés, "o filme mostra a contrapartida de uma idéia muito comum — a de que os que ganham pouco não têm história própria. Mas isso não é verdade, eles tem sua história, suas tradições de luta, seus caminhos. Por exemplo, os trinta anos de lutas dos bairros periféricos, das primeiras Associações de Bairros".

Após os debates, Sérgio Segall e Roberto Gervitz, dois dos realizadores explicam como iniciaram o processo de produção do filme:

— A produção foi nossa. Aliás, vai ser o último filme feito em super 8. Apesar de não se ter toda uma série de processamentos como em 16mm, a cópia de super 8 é muito cara e então não compensa. O 16mm pode ser ampliado para 35 mm e ainda passar nos cinemas, o que aliás é nossa idéia para as próximas produções. Antes de fazer "A História dos Ganha Pouco" nós tínhamos pouca experiência, só um curta-metragem sobre a Escola de Comunicações e antes da Universidade de São Paulo em 1975. Mas então resolvemos nos juntar e romper com o isolamento que condiciona o estudante a se afastar da sociedade. Estávamos cansados do fechamento da Universidade. Formamos o grupo no 1.o semestre de 76 e as eleições, que seriam realizadas no segundo semestre ainda estavam sob o impacto das eleições de 1974. Fomos então entrevistando o pessoal de Jardim D'Avila, a partir de um certo momento começammos a gravar e em outubro começamos a filmar. Nossa maior preocupação era que o filme voltasse a Osasco.

Populares depõem para os universitários

Sérgio e Roberto dizem também que uma cópia do filme foi vendida para a Emplasa, que pretende projetá-lo em várias SABs. Eles estão também negociando outra cópia para uma entidade canadense que mostrou interesse pelo filme.

— O filme é sempre uma reflexão sobre alguma coisa, não se pode com ele impedir que uma ação seja ou não realizada, mas pode-se ajudar afazer com queaspessoas reflitamsobre sua própria realidade. É um trabalho intelectual, e tem que servir e ser visto desta maneira. A primeira coisa que as pessoas que viram o filme — em alguns bairros perto do Aeroporto, em Vila Santa Catarina e Vila Mira — sentem que pela primeira vez sua luta e sua realidade é refletida. As SABs, têm uma tradição e uma persistência que faz eles existirem até hoje.

— O problema da maior parte dos documentários produzidos hoje em dia é que o realizador já vai filmar seu objeto com uma posição à priori, vai lá e liga a câmera e pergunta ao entrevistado quanto ganha, o que ele pensa etc. Acontece que para romper o medo, a desconfiança das pessoas, é necessario um trabalho prévio, um conhecimento. Se isso não acontecer, surgem interpretações erradas da realidade. Esta superficialidade acaba dando dados errôneos, como o conformismo, a boa índole do povo, que são dados manipulados. As pessoas em geral ficam distantes, elas não dizem o que estão pensando. Em qualquer discussão, não existe abertura total do jogo. E portanto, o intelectual, o cineasta,não podem, com um pouco tempo, num lugar, captar toda umatradiçãodecomportamento, principalmente político. É uma superficialidade da qual se tira conclusões em nome de uma ciência.

— As SABs participam intensamente do processo de urbanizaçao da cidade. Elas brigam e conseguem desbravar, ampliar as cidades. Isso não é, aparentemente, um grande acontecimento e parece a muitos intelectuais que não está acontecendo nada. Eles estão acostumados somente a ver as transformações que ocorrem em grandes momentos de crises históricas.

Sérgio e Roberto pensam em continuar seu trabalho, "mas precisamos arrumar dinheiro para fazer outros filmes.Projetosnãofaltam". Principalmente sobre o cinturão que envolve São Paulo, onde vive a maior parte da população". Eles estão iniciando a produção de um filme que vai contar a história da emancipação do município de Osasco, mas ainda sem uma preocupação de passar este filme em circuito comercial. Nós queremos com o filme voltar ao bairro, à sua população.

Cláudio Kahns

Artigo sobre a História dos Ganha-Pouco (FSP - Ilustrada - Jan/1978

A aproximação e a convivência com pessoas de um universo tão diferente do nosso foram uma experiência definitiva. Passei a olhar o nosso país e o nosso povo de outra forma, menos abstrata, mais respeitosa e individualizada. Não nos relacionávamos com uma categoria social, mas com gente. Foi um divisor de águas.

Capítulo IV

No Vórtice da História

Na época começava a ser questionada com mais intensidade a postura *vanguardista* ainda muito presente na esquerda; a ideia de que somente alguém *de fora*, portador do conhecimento, poderia trazer a consciência para o povo, romper a sua alienação e lhe mostrar o caminho da revolução. Fortalecia-se outra visão, quem sabe fruto dos fracassos ocorridos ao longo do século XX, que relativizava o suposto saber revolucionário, valorizando o conhecimento e o saber embutidos na cultura popular. Essa visão marcou fortemente *A História dos Ganha-Pouco* e marcaria o nosso próximo filme, *Braços Cruzados, Máquinas Paradas*.

Ela viria a se manifestar até mesmo no cinema ficcional, em filmes como *Amuleto de Ogun*[15], *Xica da Silva*[16], ou ainda *Ladrões de Cinema*[17] que reviam a arrogância vanguardista presente no Cinema Novo, em que, com raríssimas exceções,

---

[15] Nelson Pereira dos Santos.

[16] Cacá Diegues.

[17] Fernando Coni Campos.

o elemento transformador vinha sempre *de fora*, das classes médias, e no qual o povo ou era ignóbil e alienado ou fazia figuração. Tal debate iria se agudizar entre os documentaristas poucos anos depois, com as greves metalúrgicas no ABC e em São Paulo.

Foi também nessa época que conhecemos Hugo Gama. Ele ministrava aulas de Fotografia no Museu Lasar Segall e trabalhava como técnico de som no florescente mercado de filmes publicitários, no qual sua marca era o extremo profissionalismo. Como Sergio e eu não tínhamos cursado uma escola de cinema, sugerimos a ele que nos ministrasse aulas aos fins de semana, mais focadas no aspecto técnico do qual Hugo era conhecedor e estudioso. Assim, discutíamos montagem analisando filmes como *Outubro*, de Eisenstein, *A Mãe*, de Pudovkin[18], além de filmes recentes.

Para aprender a decupar também estudávamos cenas de filmes nacionais disponíveis, como *À Flor da Pele*, de Francisco Ramalho Jr., e, depois de assistí-las, desenhávamos nas respectivas

---

[18] Na época não havia nem fitas VHS, portanto conseguíamos cópias em película emprestadas ou alugadas e as analisávamos na moviola (mesa de edição).

plantas baixas do cenário ou locação as diversas posições e movimentos de câmera. Aprendíamos também sobre o funcionamento das câmeras, a sensibilidade das películas, a iluminação e a utilização das lentes, o funcionamento do Nagra[19] e a utilização dos microfones. Líamos e discutíamos sobre técnica cinematográfica. Foi uma autêntica escola de cinema particular, um raro privilégio.

Hugo Gama teve grande responsabilidade na qualidade técnica de *A História dos Ganha-Pouco*. Mesmo sendo um filme em Super-8, trabalhamos com cerca de cinco pistas de som, o que era totalmente inusual frente aos recursos e práticas amadoras dos usuários dessa bitola. Para a mixagem, foi montado um *circo* numa escola de música contemporânea, onde Xavier, Sergio, Hugo e eu íamos soltando e pausando os gravadores de rolo alternadamente enquanto a mixagem era feita diretamente em um projetor Super-8; um erro significaria recomeçar o trabalho desde o início.

O resultado técnico foi surpreendente, mas, para nossa decepção, o filme estreou com uma péssima projeção na XX Jornada da Bahia, em 1977. Esse *trauma* fez com que anos mais tarde, no lançamento de *Feliz Ano Velho*, eu fizesse questão de

---

[19] Melhor gravador de som direto (em fita de rolo), até o advento da gravação digital.

ir com um técnico da Dolby para checar todas as salas onde o filme seria exibido na primeira semana de lançamento.

Após vários meses de aulas, Hugo nos conseguiu estágios no mercado profissional. Assim, com 19 anos, exultante e ciente da rara oportunidade, fui trabalhar na Oca Cinematográfica, produtora de Francisco Ramalho Jr., Lucio Kodato, Zetas Malzoni, Sidney Paiva Lopes e Herval Pina Ribeiro. A Oca, mais do que uma produtora de longas e filmes publicitários, era um ponto de encontro de vários cineastas como Roberto Santos, Ana Carolina, Hector Babenco, Silvio Back, João Batista de Andrade, Sergio Muniz, entre outros; ali também se faziam reuniões da recentemente fundada a Apaci – Associação Paulista de Cineastas.

Na Oca, comecei como estagiário de finalização de filmes publicitários e, pouco depois, passei a assistente de montagem de Silvio Renoldi[20] nos filmes *Lucio Flávio, o Passageiro da Agonia*, de Hector Babenco, e *O Cortiço*, de Francisco Ramalho Jr.. Na Oca também tive a oportunidade de fazer assistência para outros montadores como Eduardo Leone[21] e Tércio Motta.

---

20 Ler artigo ao fim do livro.

21 Diretor do Depto. de Montagem da ECA, montou filmes de Roberto Santos e Vladimir Carvalho. Falecido em 2000.

Embora Sergio e eu estivéssemos trabalhando como estagiários no mercado cinematográfico, seguíamos com as aulas do Hugo. Era curioso como tal estudo era motivo de chacotas e comentários depreciativos por parte da maioria dos profissionais que nos chamavam de *superoitistas*. Mas o fato é que a generosidade do Hugo, que jamais cobrou por suas aulas, além de ter contribuído decisivamente para nossa formação, me levou a uma postura de sempre querer ensinar o que sei para os que demonstrem interesse genuíno. Isso me dá um autêntico prazer.

Após ter realizado *A História dos Ganha-Pouco* e já inseridos no mercado profissional, ainda que como estagiários, tínhamos dado um passo adiante. Foi então que partimos para *Braços Cruzados, Máquinas Paradas*. Mais precisamente, fomos convidados a fazer esse filme graças à repercussão de *A História dos Ganha-Pouco*, que circulou muito nas organizações populares e teve boa repercussão até mesmo nos suplementos culturais, pois naquele momento eram raros os filmes feitos para ser exibidos para as populações das periferias por eles retratadas.

Em abril de 1978, fomos chamados pela Oposição Sindical Metalúrgica de São Paulo – uma frente sindical de várias tendências de esquerda – para documentar a eleição de uma nova diretoria para o Sindicato dos Metalúrgicos de São Paulo, então o maior da América Latina com uma base de 300 mil trabalhadores. Novamente, José Álvaro Moisés fez a ponte entre nós e os sindicalistas. Alguns deles haviam assistido *A História dos Ganha-Pouco* e desejavam nos contatar.

Sergio Segall e eu pouco sabíamos a respeito de sindicalismo. Era um assunto distante e praticamente ausente dos jornais, uma vez que as últimas greves e manifestações operárias haviam ocorrido em 1968, quando tínhamos por volta de 11 anos. Após uma lenta rearticulação, o movimento operário seguira de forma silenciosa no interior das fábricas, mas a sociedade brasileira pouco ou nada sabia do que ocorria lá, pois a repressão a esse segmento da sociedade era tão feroz quanto a que era aplicada a partidos e organizações de esquerda.

Éramos, portanto, desinformados sobre o assunto e, por isso mesmo, ao final de março de 1978, aparecemos na rua do Carmo em frente ao Sindicato dos Metalúrgicos de São Paulo, perguntando por integrantes da Chapa 3. Permanecemos ali durante algum tempo até que um sujeito se aproximou de nós desconfiado: *Por que vocês estão procurando o pessoal da Chapa 3?* Explicamos que havíamos sido orientados a fazê-lo pelo professor José Álvaro Moisés; *Vocês podiam ter levado muita porrada, isso sim! O pessoal da Chapa 3 não vem aqui senão sai briga de corrente, o pau come solto; os* pelegos *não deixam a gente usar o sindicato. A Oposição se reúne em outro lugar.* O metalúrgico nos deu o endereço da rua Condessa de São Joaquim onde ficava o comitê da Oposição Sindical Metalúrgica de São Paulo e lá fomos nós, sem sofrer nenhum arranhão, graças a esse encontro providencial.

O meio sindical paulista atravessava um momento de alta tensão, fruto do embate eleitoral que se aproximava entre a Chapa 1 e a Chapa 3 pela presidência do Sindicato. Joaquim do Santos Andrade, conhecido como Joaquinzão, arquétipo do que se convencionou chamar de pelego[22], havia sido colocado na presidência do Sindicato dos Metalúrgicos quando este sofreu intervenção logo após o golpe militar de 64, portanto há 14 anos.

As eleições – realizadas a cada três anos – eram escandalosamente manipuladas pela diretoria, mas, dessa vez, havia indícios de que a Oposição Sindical poderia ganhar – sua base aumentara e

---

[22] Sindicalista que faz o jogo dos patrões e do governo, mas cujo discurso é o da defesa dos interesses dos trabalhadores.

respirava-se uma liberdade ainda que relativa, graças à *abertura lenta, gradual e segura* patrocinada pelos setores mais hábeis do regime militar e à pressão da sociedade civil, com destaque para o movimento estudantil, apoiado por uma classe média que não estava mais em clima de milagre, em consequência da grande crise do petróleo ocorrida em 1973. Porém, entre os operários, ainda havia muito medo da repressão política, das demissões e das listas negras – vivíamos sob uma ditadura que buscava se reciclar para seguir sendo uma ditadura.

O ano de 1978 marcou um *momento-chave* na História recente do Brasil, pois foi o início da *virada* – a partir daquele ano, nada mais seria como antes. Já em 1979, portanto no ano seguinte, se deu a anistia.

Quando chegamos ao casarão na Rua Condessa de São Joaquim, onde se reunia o comitê da Chapa 3, fomos recebidos com natural desconfiança: *Quem mandou vocês aqui?* Creio que inicialmente nos acharam um pouco ingênuos e jovens. De nossa parte percebemos que entrávamos em um universo onde as coisas eram *pão-pão; queijo-queijo*. Era preciso clareza e objetividade para conquistar respeito e confiança .

Nos apresentamos como documentaristas; nosso pequeno cartão de visita era *A História dos Ganha-Pouco*, que alguns conheciam. Deixamos logo claro que víamos o cinema como um instrumento de transformação e estávamos dispostos a colocar a nosso trabalho a serviço dos movimentos sociais. Mostramos que um documentário poderia ajudar no avanço da oposição sindical: *Vocês vão poder socializar a experiência dessas eleições com os operários do resto do Brasil*. Toparam, mas não se abriram conosco; não parecia ter sido decisão unânime. Soubemos depois que muitos não viam como o cinema poderia ajudá-los, além de representar um risco por expô-los aos órgãos de segurança. Eram operários experientes, gatos escaldados que queriam saber qual era a daqueles garotos.

Nossa tarefa seria a de documentar as eleições e filmar as previsíveis e costumeiras fraudes promovidas pela situação em clima de total impunidade para, posteriormente, editar um filme de denúncia que a oposição sindical utilizaria em seu *trabalho de base* e no diálogo com outros segmentos da sociedade.

Muita gente acha que *Braços Cruzadas, Máquinas Paradas* é um filme rodado no ABC paulista. Não é. Trata-se de um documentário sobre a base metalúrgica de São Paulo, empregada em sua maioria em metalúrgicas e siderúrgicas de porte médio ou pequeno – fábricas de autopeças, panelas, fogões populares – em geral bem menores e mais atrasadas do que as unidades produtivas do ABC, onde se concentrava a tecnologia de ponta e os operários mais especializados. Apesar disso, aqui em São Paulo estavam grandes empresas como a Philco, a Ford, a Villares, a Metal Leve e a Caterpillar, entre outras importantes empresas.

Começamos a filmar com a nossa equipe mínima, em que Sérgio Segall e eu dirigíamos a perua Belina e o filme. Para fotografar, convidamos o Aloysio Raulino. Havíamos nos impressionado muito com seu trabalho em um *filme-acidental* que ele havia feito com o cineasta Mario Kuperman, chamado *Tarumã* – o registro de um contundente depoimento de uma boia-fria com duração de 15 minutos – entre outros trabalhos de sua autoria a que havíamos assistido. Aloysio era cerca de 10 anos mais velho do que nós; admirávamos o seu talento como fotógrafo e festejamos quando ele aceitou realizar o trabalho conosco. Demos até o nome de Tarumã para nosso grupo que ainda contava com Hugo Gama na Produção Executiva e na assessoria técnica.

Hugo nos deu o chão e a tranquilidade para rodar; usamos o nome de sua produtora, a Timbre, para revelar os negativos em preto e branco e fazer os copiões nos Laboratórios Revela, onde o filme entrou com o sugestivo título de *Agora Vai*.

Graças também à orientação do Hugo, que nos levou a assumir o microfone em campo e desenvolveu criativas e baratas soluções técnicas – como o microfone lapela colocado na ponta de uma antena de rádio, que nos permitia, entre outras coisas, entrevistar operários por entre as grades das fábricas – captei o som direto do filme em um minicassete Uher que gravava sincronicamente com excelente resultado. O Sérgio, por sua vez, segurava a cruzeta – o chamado *pau de fogo* – que consistia em quatro lâmpadas[23] dispostas em cruz, que usávamos para iluminar os primeiros planos; Aloysio era muito hábil para utilizá-la de forma rebatida, evitando dessa forma uma luz *chapada*.

Acordávamos todos os dias às 3h30 da madrugada e chegávamos às fábricas por volta das 5 horas para poder começar a rodar no máximo às 5h30, quando começavam a entrar os operários e a Oposição Sindical fazia o trabalho de panfletagem, em meio às palavras de ordem da Chapa 3. Era maio de 1978, já fazia bastante frio em São Paulo e a serração das manhãs acabou dando um clima especial a certas cenas. Ali conhecemos de perto o duro cotidiano dos trabalhadores da

---

[23] Foto Flood.

chamada *elite do operariado brasileiro* que mal parava em casa, pois gastava em média quatro horas diárias viajando em ônibus sujos, barulhentos e malconservados. Por sinal, passados 30 anos, essa realidade segue quase na mesma.

Já cobríamos a campanha da Chapa 3 nos portões das fábricas de São Paulo, quando começaram a estourar as primeiras greves chamadas de *espontâneas* pela imprensa. A primeira greve foi na Toshiba, fábrica situada no ABC na divisa com São Paulo; as paralisações logo se alastraram. De início nós também acreditamos na suposta espontaneidade, mas logo vimos que tudo era fruto de um movimento que vinha há muito sendo gestado dentro das fábricas e que de *espontâneo* nada tinha. De fato, o trabalho de organização estava bem avançado no interior de diversas fábricas; outras, onde isto não ocorria, aderiram posteriormente.

Uma ebulição como aquela não acontecia há muito no País. Nós, que jamais havíamos vivido algo assim, tínhamos consciência de que estávamos documentando algo muito importante e muito significativo na história recente brasileira. Alguns anos mais tarde, aquelas mobilizações iriam desembocar no Partido dos Trabalhadores e, indo mais longe, em um *presidente-operário*.

Um operariado jovem começava a perder o medo

O Sergio e eu tínhamos pouco mais de vinte anos e tudo aquilo parecia uma grande aventura. Jamais havíamos visto operários se organizando e fazendo greve, fato que ocorre em qualquer democracia. De forma ligeiramente distinta, o mesmo impacto atingia o Aloysio. Assim, se estar ali registrando aqueles acontecimentos gerava muita excitação e esperança, havia também o medo dos que se habituaram a viver sob uma ditadura. Tal medo era algo entranhado que impregnava a consciência e os instintos de muitos como nós.

Quando começamos a rodar o filme, ninguém da Oposição Sindical nos falara em greves. Nos diziam: *Queremos que vocês façam um filme para mostrar como funciona, na prática, a estrutura sindical, que é uma camisa de força para a organização dos trabalhadores*.

Uma pessoa que nos apoiou muito durante a realização de *Braços Cruzados*... foi Santo Dias, ligado a movimentos católicos e à pastoral operária. Quando as greves começaram a pipocar, desinformados, chegávamos sempre atrasados nas fábricas e isso nos fazia perder importantes materiais. Solicitamos ao Santo que convocasse uma reunião com a direção da Oposição Sindical e deixamos claro que o filme só sairia se eles de fato o encampassem como uma proposta da própria organização. Se esta não o assumisse, era melhor irmos para casa. Precisávamos de informações quentes e exatas para que pudéssemos estar filmando, de preferência, no momento em que as coisas aconteciam.

Assim, pouco a pouco estabelecemos vínculos de confiança com os membros da Oposição Sindical e passamos a ser informados das greves com antecedência. Nossa *equipe brancaleone* passou a chegar sempre antes que as equipes dos canais de TV. Começamos a ser olhados por estes com certa curiosidade – mescla de admiração e intriga.

Corríamos atrás dos acontecimentos; era um documentário de reportagem. Periodicamente organizávamos com Hugo uma planilha, selecionando o que era prioritário cobrir na lista de atividades e eventos previstos pela Oposição Sindical. A planilha também envolvia atividades e entrevistas com membros das outras duas chapas e cenas que desejávamos filmar.

Não fomos a campo com uma proposta fechada de como rodar esse documentário e nem poderíamos. Pretendíamos evitar o predomínio de nossa subjetividade e de nossa ideologia para *dar voz* aos sujeitos daquele movimento. Tínhamos consciência de nossa responsabilidade histórica, o que não nos impediu de ousar ficcionalizando uma greve no interior de uma fábrica em tons eisensteinianos[24], mas não nos preocupava a ideia de realizar um trabalho inovador do ponto de vista da linguagem cinematográfica.

Há uma poética na fotografia de Aloysio Raulino, principalmente quando ele trabalha com preto e branco, como foi o caso de *Braços Cruzados*... Desde o início das filmagens, ele estabeleceu um registro de *closes* muito fechados dos rostos dos operários, o que humanizou e deu densidade dramática ao material, já que as condições de filmagem bem como seu tema não eram propícios a uma aproximação mais sutil nos moldes *antropológicos* que havíamos desenvolvido em *A História dos Ganha-Pouco*. Assistíamos e conversávamos sobre os copiões e, dessa forma, estimulamos o Aloysio a seguir explorando os grandes *closes*, pinçando rostos e trazendo a

[24] Filmamos a cena da greve – que causou alguma polêmica entre os mais puristas – na fábrica da Telem, na época, uma pequena metalúrgica que produzia refletores para teatro e cinema, graças à autorização de seu proprietário, o caríssimo Jacques Breyton, um homem que já havia sido preso por suas posições políticas mas que, mesmo assim, dava emprego a operários que estavam no index das empresas e dos orgãos repressivos.

Com Zetas Malzoni na câmera, eu e Sergio dirigindo a polêmica cena ficcional da parada das máquinas

dimensão pessoal daquele momento de história coletiva. Tal tratamento abandonava a perspectiva do registro puramente objetivo e criava uma cumplicidade entre a câmera e os personagens filmados. Assim, através das imagens, procuramos colocar os homens na frente dos temas, humanizando o universo do sindicalismo e da militância política.

No documentário, principalmente no de reportagem, é o fotógrafo quem está com o olho na câmera. No momento em que as coisas acontecem, a decisão de um movimento, de um enquadramento é dele. O trabalho do diretor consiste em impregnar o fotógrafo de um sentimento, de um olhar e, ainda durante as filmagens, reforçar aquilo que avança no caminho desejado.

Na ficção podemos fazer várias tomadas de um plano se não chegarmos ao resultado desejado. No documentário de reportagem isso não é possível. Se não se filmou de acordo, *já era*; aquele momento nunca mais se repetirá.

Em *Braços Cruzados, Máquinas Paradas*, utilizamos pouquíssima narração. De início, apresentamos Getúlio Vargas como aquele que criou e legou a estrutura sindical – conjunto de leis que representou uma *camisa de força para o movimento operário brasileiro*. Essa era a visão da Oposição Sindical da qual compartilhávamos. De cara, rompíamos a ideia de um documentário *imparcial*, imagem que a mídia sempre alimentou de si mesma. Isso não existia para nós; não era possível fazer algo imparcial. Acreditávamos que a nossa honestidade estava em dizer de que lado nós estávamos.

Éramos conscientes de que nosso documentário se mirava na tradição dos grandes documentários de propaganda produzidos na luta pela democracia e pela justiça social, em diversos países e momentos da história do século XX. Ao mesmo tempo, pretendíamos que o filme expusesse de forma clara o funcionamento da estrutura sindical brasileira. Isso se deu graças ao registro de um momento privilegiado na história dos trabalhadores metalúrgicos paulistas, onde articulamos dois importantes processos (as greves e as eleições sindicais) de forma a revelar tal funcionamento na prática. Só assim a necessidade de mudança poderia ser entendida e apoiada por um maior número de pessoas.

Durante o processo de roteirização e montagem, buscamos fugir do documentário chato, evitando o tom didático dos filmes educativos. Fomos em busca da emoção com a elaboração de uma estrutura dramática similar à de um filme de ficção. Por meio de uma montagem ágil, articulamos os conflitos de forma a criar um suspense em relação ao que iria acontecer. É também dentro desse contexto que deve ser entendida a cena em que reconstituímos ficcionalmente a parada das máquinas; como fazer um filme sobre uma greve que significou um momento fundamental de afirmação daquele operariado jovem e inexperiente sem mostrar o clímax dessa conquista? Como socializar esse momento com aqueles que não o haviam experimentado? Assim, para além de questões acadêmicas ou de estilo, nos preocupavam o grau e a qualidade da comunicação que o filme poderia estabelecer com as plateias populares.

A música composta por Luiz Henrique Xavier caminhou no mesmo sentido; ao lado da edição sonora (ruídos) ela é narrativa, cria tensão e sugere climas, como na cena dos operários preparando a greve na porta de uma fábrica. Como a câmera, a música foi em busca do indivíduo e não da massa. Do prosaico e não do épico.

Em *Braços Cruzados, Máquinas Paradas*, o fluxo narrativo e dramático era tão importante quanto o tema. Arrisco dizer que isso era algo novo no documentário brasileiro.

Para mim, a realização e a exibição deste filme foram um inegável momento de crescimento humano e profissional. Após a sua finalização,

As greves foram um momento de afirmação do operariado

durante quase um ano, com uma tela, um projetor e um alto-falante no porta-malas do carro, Sergio e eu o levamos para as mais diferentes plateias em São Paulo e em alguns outros pontos do País. Era muito interessante perceber como as leituras variavam de acordo com a experiência e a realidade de cada espectador, que se apropriava do filme de forma específica. Esse foi outro grande aprendizado: perceber que quando o filme fica pronto ele já não nos pertence, pois estabelece uma relação direta e particular com cada indivíduo que o assiste.

Como estreantes, nos orgulhávamos de haver conseguido realizar um *filme de verdade* no qual nos expressávamos através da sintaxe e da gramática do cinema. Não demoramos, no entanto, a descobrir certos elementos que não nos agradavam. Por exemplo, uma cena em que um samba composto por Silvio Modesto ridiculariza Joaquim dos Santos Andrade, o pelego na presidência do sindicato. Não nos escapou o ranço populista da cena, sem falar no vazio descritivo das imagens usadas para *ilustrar* (outra coisa que odeio fazer) o samba. Além disso, nós não precisávamos destruir o *Joaquinzão* antes do espectador chegar às suas próprias conclusões. Até mesmo num filme de propaganda é sempre melhor deixar o público pensar por si mesmo,

O cartaz de Braços Cruzados Máquinas Paradas, para colar nos pontos de ônibus e na universidade

confiar em sua inteligência, uma vez que o filme forneça os elementos necessários para fazê-lo.

Com o tempo e o distanciamento, percebemos uma quantidade excessiva de reiterações e explicações um tanto maçantes que poderiam ter sido cortadas, mesmo levando em consideração a importância de sua assimilação pelas plateias às quais o filme era prioritariamente destinado.

Em novembro de 1979, *Braços Cruzados...* foi selecionado para o Festival Internacional de Leipzig, então o mais importante festival de documentários políticos, onde recebeu o *Prêmio Especial para Novos Realizadores*. Lá conhecemos Santiago Alvarez que, se bem me recordo, era membro do Júri. Após elogiar o nosso trabalho, ele disse que o filme poderia ter uns quinze minutos a menos. Estou de acordo.

Por outro lado, recentemente revi *Braços Cruzados, Máquinas Paradas* para preparar o seu lançamento em DVD. Era um filme que estava *desaparecido*, pois hoje quase ninguém mais tem como assistir a filmes em 16 mm. Saltaram-me aos olhos o frescor e a energia que o filme até hoje irradia. *Braços Cruzados...* ficou gravado em mim como um trabalho realizado por grandes amigos em um clima afetuoso, juvenil e de esperança.

No Festival de Leipzig, com cineastas cubanos e argelinos (Sergio é o segundo e eu, o quarto, da esquerda para a direita)

Capítulo V

Amateur Profissional

Em 1977, um ano antes de mergulhar na realização de *Braços Cruzados...*, fiz assistência de montagem para Sílvio Renoldi no filme *Lúcio Flávio, o Passageiro da Agonia*, de Hector Babenco, com roteiro de Jorge Durán e José Louzeiro, uma denúncia corajosa do Esquadrão da Morte – organização para policial especializada em justiçar criminosos, a exemplo do que faziam os órgãos de repressão da ditadura com seus opositores políticos. Recentemente, assistindo à *Tropa de Elite*[25], me estarreci vendo que o admirado Bope e seu Capitão Nascimento têm como símbolo a mesma caveira ostentada pelo Esquadrão. Lúcio Flávio, o lendário bandido oriundo da classe média, foi um dos muitos assassinados por esta organização. Alcançando cerca de 4,5 milhões de espectadores, está entre os filmes mais populares na história do cinema brasileiro.

Nesse trabalho tive a oportunidade de acompanhar desde o início a montagem de um longa-metragem de ficção. Sílvio Renoldi que havia

[25] Dirigido por José Padilha.

montado grandes filmes como *A Hora e a Vez de Augusto Matraga*, de Roberto Santos, e *O Bandido da Luz Vermelha*, de Rogério Sganzerla, entre outros, me aceitou mesmo depois que eu lhe adverti que nunca trabalhara como assistente de montagem. Sílvio respondeu que eu iria aprender, mas jamais me ensinou qualquer coisa que não fosse necessária para realizar as minhas tarefas de assistente. Seu método de montagem era peculiar e chegou a me confundir: não se importava em montar o filme pela ordem. Começou por uma cena próxima do final e, possuindo uma memória notável, muitas vezes assistia ao material da cena apenas uma vez e a vinha montando do fim para o começo. Sua experiência e sua intuição cinematográfica (creio que jamais leu um livro de cinema) lhe garantiam grande domínio dos tempos dramáticos, além de propiciarem soluções criativas para cenas que, por vezes, apresentavam problemas de decupagem ou mesmo de interpretação. Sílvio faleceu em 2003 e sua morte foi noticiada por pequenas notas que não faziam jus à sua importância para o cinema brasileiro. Resolvi escrever um artigo, publicado em *O Estado de S. Paulo*.[26]

---

[26] Anexo ao final do livro.

A convivência com Hector Babenco, que na época deveria ter seus 30 anos, foi também importante para mim. Estabeleceu comigo uma relação algo paternal que eu acolhi, quem sabe porque havia perdido o meu pai apenas quatro anos antes. Ao contrário da maioria dos profissionais que fazia brincadeiras maldosas e humilhantes com quem estava começando a trabalhar em cinema, Hector estabeleceu comigo uma relação de amizade que, ainda que conturbada, durou muitos anos e resultou em colaborações profissionais das quais muito me orgulho e durante as quais aprendi não só sobre cinema, mas sobretudo sobre relações humanas.

Depois de *Lúcio Flávio...*, ainda fui assistente de Sílvio Renoldi na adaptação que Francisco Ramalho Jr. fez de *O Cortiço*, escrito por Lima Barreto, que teve ótima carreira comercial. Ramalho com o tempo veio a se transformar em um grande amigo; me apoiou na escritura de meu primeiro filme ficcional *Feliz Ano Velho*, além de ter sido o Produtor Executivo de *Jogo Subterrâneo*.

Ele é um estudioso do cinema e possui considerável acervo de filmes em DVD e livros que coloca sempre à disposição dos amigos. No entanto, na época de *O Cortiço*, tivemos uma relação distante. À época desse trabalho já havia me aprimorado profissionalmente e o Sílvio me delegava funções mais nobres do que jogar na loteria esportiva ou levar pacotes para ser despachados na estação rodoviária.

Logo no início da montagem de seu filme, Ramalho estabeleceu uma estranha brincadeira com o Sílvio para ver quem chegava mais cedo à produtora (me pareceu uma forma de acelerar o trabalho), até que me vi chegando às 4h30 da manhã para ligar o equipamento e dispor as cenas que seriam montadas naquele dia. Quando os dois iam embora, eu ficava trabalhando até altas horas, limpando a sala, organizando o material, juntando as sobras e preparando as cenas que seriam montadas no dia (ou fim da madrugada) seguinte. Era comum eu deixar a produtora quando já passava da meia-noite.

Sempre tive muito senso de responsabilidade, para o bem e para o mal. Algumas vezes, após chegar em casa esgotado e já prestes a dormir após um banho quente, me vinha à cabeça o receio de que havia deixado a chave geral da sala de edição ligada. Após relutar na cama sem conseguir dormir, me vestia novamente, pegava o meu fusquinha café com leite e ia até a Rua 13 de Maio checar. Preferia isso a permanecer com o terror de que a produtora pegasse fogo por minha causa. Esse ritual torturante ocorreu várias vezes; jamais encontrei os equipamentos ligados.

Ao final da montagem de *O Cortiço*, fui chamado para organizar e preparar o vasto material de um documentário que havia sido dirigido por uma grande fotógrafa, já muito conhecida na época, mas de quem eu pouco ouvira falar: Maureen Bisilliat. O documentário fora rodado no Parque do Xingu, onde Maureen realizara um belíssimo ensaio junto a alguns dos muitos grupos indígenas que o habitavam. Dois dos sócios da Oca – Lucio Kodato, diretor de fotografia, e Sidney Paiva Lopes, técnico de som – embarcaram com ela para o Xingu onde colheram um material visualmente muito belo, marcado pela luz e a personalidade das fotos de Maureen, além de um material sonoro riquíssimo e de muita qualidade.

A tônica do material filmado era um registro da dignidade expressa pela cultura dos índios xinguanos em sua integração com a natureza. Ao assisti-lo ficava evidente uma sabedoria de viver que nada tinha a ver com a cultura ocidental. Surgia inevitavelmente, em nossa mente, o contraponto das imagens de comunidades indígenas que não foram protegidas em reservas e foram dizimadas de todas as formas.

À medida que eu selecionava e organizava os copiões, fui criando intimidade com as imagens, ao mesmo tempo que nascia uma grande afinidade entre Maureen e eu. Pouco antes do início da montagem, ela me impôs como o montador do filme contra a compreensível opinião contrária de todos os sócios da Oca. Depois de certo impasse, eles acabaram concordando, pois sentiram que Maureen jamais abandonaria essa ideia.

Graças a essa notável artista, dona de um olhar rigoroso e original, no qual estética e ética são inseparáveis, acabei montando meu primeiro filme: o longa documental, *Xingu Terra*, que jamais chegou a ser distribuído por desentendimentos entre os sócios produtores.

Montar esse filme seria um grande desafio para qualquer profissional, uma vez que as imagens – dotadas de um clima misterioso dado, em grande parte, pela luz e pelos movimentos precisos e elegantes da câmera de Lucio Kodato – ofereciam pouca perspectiva de estrutura a não ser aquela ditada por uma locução (que veio a ser feita por Orlando Villas-Boas). Maureen constatou durante a montagem que seu olhar de fotógrafa não envolveu as questões narrativas ou estruturais características do discurso cinematográfico. Durante o trabalho falamos muito sobre isso.

Depois de muito buscar as respostas no material, consegui estabelecer uma narrativa que obedecia ao ritmo do cotidiano de adultos e crianças durante os dias e as noites precedentes à grande festa que iria acontecer na aldeia dos índios Meinaku. Sua cultura, em grande parte preservada, graças à proteção garantida pelo território xinguano, fora registrada com esmerado detalhismo e reverência. Assim os olhares de Maureen e Kodato se debruçaram sobre os processos de produção de variadas peças de cerâmica, a colheita da mandioca feita pelas índias, a caça realizada pelos homens, a produção do beiju, os rituais que envolviam a geometria complexa das pinturas de corpo e as escarificações, a narração e a presença dos mitos, ritos de passagem à maioridade, a vida livre das crianças, o papel dos pajés e dos velhos, a festa com seus cantos, danças e lutas. Não se tratava de um filme de denúncia contra a ameaça da civilização ocidental mas de um trabalho que buscava ressaltar a beleza e a dignidade da cultura dos índios em sua relação com a natureza, condição cada vez mais rara, graças ao avanço voraz de nossa civilização. Alguns acusaram Maureen de registrar os índios com uma perspectiva purista e despolitizada. Queriam outro filme, com um discurso já conhecido, não o que ela fez.

Afora a ousadia de ter bancado o meu primeiro trabalho como montador, devo à Maureen a educação do meu olhar e de minha sensibilidade, o que me abriu para outra poética da qual nasceu uma montagem cromática e contemplativa, fruto do contato com ritmo diverso e outro sentido de tempo, expressos nos gestos de um povo em sua particular relação com a vida e a natureza. Maureen foi uma mestra sem jamais ter me ensinado nada; até hoje tenho grande carinho e admiração por essa mulher genuína e corajosa.

Certamente o meu sentimento musical que está na base da minha noção de ritmo, me ajudou na percepção da dinâmica e da proporção narrativas. A montagem deste filme revela quão musical pode ser a narrativa de um filme, mesmo que destituído de música.

Outra coisa que *Xingu Terra* me possibilitou foi uma extrema elaboração na edição de som – montei sofisticada trilha sonora baseada nos ricos ambientes e ruídos que Sidney Paiva Lopes havia colhido. Hoje ao assistir ao filme, tenho vontade de vê-lo somente com a sua trilha sonora. A narração de Orlando Villas-Boas é belíssima mas um tanto impositiva, em sua necessidade de informar. Eu sempre senti este filme como uma misteriosa viagem sensível a um mundo essencialmente desconhecido e, de alguma forma, inapreensível.

O som é um fator importante do meu processo de criação. Mesmo quando estou no *set* dirigindo os atores, procuro trabalhar com eles a *música* dos diálogos – sua inflexão, o ritmo e o *ataque*.

Depois de ter montado *Xingu Terra* e dirigido *Braços Cruzados, Máquinas Paradas*, eu já podia me considerar um profissional.

Nessa época, Sergio e eu fomos chamados para montar o documentário *Certas Palavras com Chico Buarque*, de Maurício Beru, mas, nem bem começamos o trabalho, nosso filme foi selecionado para o Festival Internacional de Leipzig. Em função do pouco entusiasmo e desentendimentos, frutos de diferenças estéticas, mas também de uma arrogância juvenil de nossa parte, decidimos deixar o trabalho.

Embora não tivesse sido lançado no mercado comercial (não foi feito para isso e haveria problemas com a censura), *Braços Cruzados, Máquinas Paradas* foi um filme muito visto no circuito alternativo – tendo mais tarde participado da IV Mostra Internacional de Cinema de São Paulo, em que foi o quarto filme mais votado pelo público. Some-se a isso que, naquela época, seguíamos exibindo *Braços Cruzados...* por todos os lados, além de participar de debates em escolas, universidades e organizações populares.

A repercussão de *Braços Cruzados*... nos empurrava para novos trabalhos na mesma linha; chegamos até a ser convidados para fazer uma adaptação do clássico livro *São Paulo Crescimento e Pobreza*, de Vinicius Caldeira Brant e Fernando Henrique Cardoso, na qual chegamos a trabalhar, mas o projeto acabou não indo adiante.

Capítulo VI

A Longa Viagem Vida Adentro

Com o convite do Festival de Leipzig, Sergio sugeriu que aproveitássemos a oportunidade e partíssemos para uma viagem mais longa pela Europa. De fato, com 22 anos, sentíamos a necessidade de retomar o estudo do documentário e de conhecer os filmes desse gênero aos quais não tínhamos acesso no Brasil – vale lembrar que à época não havia nem o VHS. Assim, planejamos uma viagem que também seria de estudos e contato mais amplo com outros campos da arte.

Meu entusiasmo logo esfriou quando percebi que não teria recursos para uma jornada como aquela. Foi então que Maurício Segall[27], pai de Sergio, a quem desde os seis anos de idade chamava de *Tio Maurício*, me *convocou* para ir ao seu escritório no Museu Lasar Segall. Lá me disse que – se Sergio e eu tínhamos realizado o filme juntos – seria injusto que não fôssemos

[27] Entre outras coisas, filho do pintor Lasar Segall, fundador do museu de mesmo nome, diretor do Teatro São Pedro de 1968 a 1975; fundador do Partido dos Trabalhadores. Preso em 1970 pela ditadura, foi torturado e permaneceu um ano na prisão.

mostrá-lo conjuntamente. Ao mesmo tempo, aquela viagem seria muito importante para a nossa formação pessoal e profissional e, dessa forma, me pediu que aceitasse que ele a viabilizasse. Aceitei com um nó na garganta aquele gesto de generosidade tão costumeiro em Tio Maurício (não consigo chamá-lo de outra forma), não só comigo mas com todos os que o cercam. Após a morte de meu pai, ele assumira ser tutor legal de meus irmãos e de mim. Durante muitos anos, eu dizia a mim mesmo que jamais poderia retribuí-lo por tudo o que havia me proporcionado; hoje, porém, percebo que a generosidade e a verdadeira gratidão estão também em aprender a receber.

Chegamos a Paris no início de outubro de 1979, visitamos inúmeros países europeus, passamos um mês em Nova York para fazer um curso de inglês e retornamos ao Brasil em abril de 1980. O primeiro mês em Paris foi quase que exclusivamente dedicado ao documentário. Passávamos os dias no Centro Pompidou assistindo a tudo que listáramos em nossos estudos, além de conhecer trabalhos de outros documentaristas. As tranquilas e demoradas visitas aos museus me colocaram mais próximo da pintura, linguagem com a qual tinha pouca intimidade; fui descobrindo a matéria dos quadros, sua linguagem e

Com Maurício Segall no lançamento de Poesias ao Acaso, *maio/2005.*

a emoção nascida de contemplá-los. Percebi que a extrema politização de minha vida no Brasil daqueles anos, havia se sobreposto e atrofiado outras instâncias essenciais; eu resgatava algo que havia ficado de lado, juntamente com o meu violão. A viagem deu espaço a questionamentos existenciais que se combinaram a leituras de escritores como Henry Miller, Anaïs Nin, Juan Carlos Onetti, entre outros. Aos poucos, me preparava para viver um novo momento; ia descobrindo as coisas que realmente me importavam e que não eram fruto de uma contingência histórica ou geográfica.

Começava em cada um de nós dois uma revolução individual que iria fazer com que rompêssemos o pacto sem palavras que envolvia o nosso trabalho. Se, por um lado, realizar filmes em dupla nos fortalecia diante de nossas inseguranças e limites, por outro, os encobria ao custo de inevitáveis concessões que envolvem um trabalho criativo conjunto. Não vejo tais concessões como algo necessariamente negativo, porém, elas assim eram vistas por dois jovens às voltas com seus dilemas e questionamentos sobre quem eram, para onde iam e de que seriam capazes.

Em meio a um clima de maravilhamento, ansiedade e angústia, acompanhamos o filme ao Festival de Leipzig onde, além de ser premiado,

Em Nova York, última parada da viagem, nos encontramos com Xavier (esq. p/ dir.: Sergio T. Segall; Luiz H. Xavier e eu)

Braços Cruzados... foi selecionado para participar do Fórum do Cinema Jovem do Festival de Berlim. Lá foi muito bem recebido a julgar pelos concorridos e infindáveis debates que suscitou, além de ter sido adquirido pela distribuidora do Fórum, a Arsenal.

Após Berlim, voltamos a Paris onde nos encontramos com um Joris Ivens já no fim da vida, acompanhado por Marceline Lorridan – numa típica visita de fãs. Ali estava Joris Ivens, o admirável holandês que havia corrido o mundo e filmado a Guerra Civil espanhola, a Guerra do Vietnã e algumas das principais revoluções do século, além de ter realizado filmes memoráveis que abordavam o embate e a ligação do homem com a natureza. Seus filmes privilegiam o trabalho e o engenho vistos como propulsores da transformação e ao mesmo tempo da exploração. O que iríamos dizer para ele além de manifestar nossa admiração e amor por seus filmes? Sempre tive uma estranha sensação ao encontrar estas personalidades e, numa triste e infantil decepção, constatar a mesma mortalidade, os mesmos sinais de degeneração do corpo, os mesmos limites, em contraste com a força e a eternidade de sua obra.

Também conhecemos o argentino Fernando Solanas, diretor do clássico *La Hora de los Hornos*, que vivia exilado em Paris. Solanas desceu por uma pequena escada de seu *studio*, trajando um *robe de chambre* e um *foulard*. Sua empáfia e arrogância foi o que mais me chamou a atenção. Ao falar da realização de *La Hora de los Hornos*, minimizou a participação do codiretor Octávio Getino com quem fundara o grupo Cine Liberación. Sergio e eu havíamos acabado de codirigir e tal atitude me chocou. Sua figura me lembrou a caricatura que costuma se fazer dos portenhos – arrogantes, ostensivamente vaidosos e acreditando-se o centro do Universo.

Eu sempre questionei essa tipificação dos argentinos, uma vez que meu pai era portenho e nem de longe se comportava dessa forma, nem meus parentes e amigos. Mas Solanas era perfeito; pude comprovar isso dez anos mais tarde, no Festival de Havana, em que participou com o seu belo filme, *Sur*. A obra nada tem a ver com o caráter de seu realizador.

Muita coisa havia mudado e seguiria mudando depois daqueles seis meses de viagem. Quando Sergio e eu chegamos ao Brasil, estava muito claro que não seguiríamos trabalhando juntos. Cada um havia entrado em um túnel do qual deveria sair sozinho.

Atravessei um longo período de total desorientação pessoal e, por consequência, profissional. A velha roupa de documentarista militante já não me servia. Eu, que seis meses atrás embarcara para a Europa tão seguro, já não sabia o que queria e nem quem eu era.

Do ponto de vista político, a viagem a Leipzig (antiga Alemanha Oriental) e o contato com o socialismo real haviam me marcado. Era aquilo o que eu desejava para o futuro da humanidade? Era possível viver numa sociedade como aquela, dobrada, estagnada e sem expressão? É verdade que eu atravessara quase toda a minha vida numa ditadura militar, mas esta caminhava para o fim. Aquela sociedade triste e estagnada pelo medo nada tinha a dizer a um jovem que crescera nos anos 1970, marcado pela cultura libertária dos anos 1960 e pelo espírito de contestação, pelo tropicalismo, pelo *rock* e sobretudo pela ideia de uma sociedade livre, onde houvesse igualdade de oportunidades para todos.

Assim, era necessário *fechar para balanço*. Ainda que fosse muito jovem, eu havia vivido bastante coisa, porém dentro de um mesmo universo, em uma mesma direção. Em contraste com os amigos de minha idade, ainda perdidos e buscando o que queriam fazer, eu havia encontrado um foco. Agora, sentia a necessidade de me abrir para outras coisas. Sentia uma solidão profunda, vivia num deserto afetivo – desejava e temia as mulheres; no fundo, era um adolescente tardio.

Com o amigo Xavier: após a longa viagem era necessário buscar novos caminhos, 1981.

Entrei numa espécie de limbo. Tomado por um sentimento mais forte do que eu, estanquei o movimento, deixei de lado a urgência que me acompanhara até então. Ao mesmo tempo sentia que algo nebuloso, ainda sem rosto, se gestava. Passei a ler muito, buscando respostas e sentidos para o mistério de estar vivo.

Embora tivesse passado a infância e parte da adolescência lendo bastante, a partir de minha entrada na Ciências Sociais deixara a ficção praticamente de lado e me dediquei a textos teóricos – ensaios políticos e sociológicos. Com o tempo, descobri que a abstração sociológica não era o *meu canal* de relação com a vida. Eu me identificava com a concretude do cinema, sua vocação para imiscuir-se na vida, no chamado *mundo real*, sua lida com pessoas e não tipos ou categorias. No cinema as instâncias do *real* e da abstração se alternam e se referenciam todo o tempo. É nessa alternância, quem sabe mais superficial, que eu me sentia e me sinto em casa.

Passei um bom tempo recolhido. Minhas melhores amizades estavam distantes – o Sergio, à sua maneira, atravessando um momento parecido e o Xavier, estudando música em Nova York. Eu morava numa edícula nos fundos da casa de minha mãe, gastava muito pouco para viver e passava os dias lendo e correndo no Parque do Ibirapuera.

Por essa época conheci a obra de Vargas Llosa, voltei ao Sartre de *A Idade da Razão*, li Simone de Beauvoir que me marcou com *Todos os Homens são Mortais*, latinos como Rulfo, Fuentes e Carpentier e por fim, mas não por último, Julio Cortázar, de quem li toda a obra.

Cortázar me marcou quem sabe, por vir em maior sincronia com as questões que a vida me colocava. Me atraía o seu prazer lúdico em escrever e ousar nos temas e na linguagem, criando realidades paralelas mas ao mesmo tempo tão próximas a isso que chamamos real. Parecia que eu havia encontrado um amigo a quem eu nem precisava conhecer pessoalmente. Sentia grande afinidade por seu jeito de enxergar as coisas e pelo carinho que tinha por seus personagens estranhamente humanos. Me impressionava a sua capacidade de reconstruir os caminhos do nosso subconsciente, os nossos jogos e armas secretas – o homem visto como a continuidade do menino que foi e que grita dentro dele; a percepção de coisas terríveis e maravilhosas que constituem a vida.

Curiosamente foi nesse período de crise e desorientação que conheci a primeira mulher com quem estabeleci uma relação amorosa de maior profundidade e duração. O namoro com Jaqueline, um pouco mais velha do que eu e mais madura, me deu um novo ânimo. Éramos companheiros, vivíamos e descobríamos o mundo juntos.

Por essa época, Renato Tapajós me convidou para montar as muitas horas de material que colhera na região do ABC durante as grandes greves de 1979 e 1980 e que deram origem ao filme *Linha de Montagem*.

Chamei para fazer assistência de montagem uma grande amiga, Sarah Yakhni[28], socióloga de formação e que também acabara picada pela *mosca do cinema* após a experiência de *A História dos Ganha-Pouco*. Sarah participou ativamente das discussões com Renato e comigo na estruturação de um roteiro para *Linha de Montagem*, além de ter sido ótima companheira ao longo de todo o trabalho, uma vez que Renato, a exemplo de muitos diretores, não era de ficar na sala de edição.

O material colhido tinha forte predominância das assembleias no campo de Vila Euclides, co-

---

[28] Sarah Yakhni é documentarista, tendo dirigido séries como *Globo Ecologia* e *Mundo da Arte* para TV, entre inúmeros trabalhos. É professora e pesquisadora na área de cinema documental.

bertas de maneira impecável pela câmera precisa e sensível de Zetas Malzoni. Saltava imediatamente aos olhos o carisma daquele líder sindical que em apenas dois anos entrara para a história política do nosso país. A contundência de seus discursos, seu dom de verdadeiro ator expresso na capacidade de falar a linguagem dos que o ouviam e de emocionar graças ao domínio intuitivo da linha dramática e da dinâmica de suas falas eram fascinantes.

A história do movimento grevista de São Bernardo do Campo poderia ser contada exclusivamente por meio das assembleias, graças à atmosfera diferente que envolvia cada uma delas e ao discurso de seu líder principal. Porém isso acabou se tornando um problema para o filme, pois tanto Renato quanto Sarah e eu sabíamos que isso era insuficiente para traduzir o que foi toda aquela experiência para os trabalhadores que dela fizeram parte.

Meu olhar era o do montador – o cara que não participa das filmagens, alheio às suas dificuldades e, por isso, às vezes cruel em seus julgamentos – o primeiro espectador do que foi rodado e que busca uma estrutura para o filme. O movimento grevista fora algo muito grande e necessitaria, quem sabe, de várias unidades para registrá-lo em sua amplitude, coisa impossível em face das limitações econômicas que Renato enfrentara.

Embora Renato e Zetas tivessem colhido outros materiais muito bons, por exemplo, o belo *show* de artistas solidários à greve, o trabalho de piquetes na porta das fábricas, a repressão aos grevistas, inclusive no portão de suas casas, eu sentia falta dos indivíduos, algo que saltasse do personagem coletivo das assembleias de Vila Euclides e do sindicato, e mostrasse um pouco quem eram as pessoas anônimas que sacudiam o País com a sua coragem.

O indivíduo em *Linha de Montagem* é sem dúvida Lula, é ele quem personifica a massa e, com as entrevistas feitas em sua casa ao final da edição que durou quase um ano, amarra o filme e aponta para o salto político resultante daqueles dois anos de greves que haviam mudado e mudariam ainda mais o País com a fundação do Partido dos Trabalhadores.

Chico Buarque fez a canção-tema do filme que editei nos créditos de abertura com imagens da linha de montagem da Volkswagen, feitas por Adrian Cooper. São também impressionantes as imagens de uma fundição feitas pelo mesmo Adrian, pois, em sua beleza infernal, traduziam as péssimas condições de trabalho que os operários enfrentavam na região mais avançada do País, prova de que ao desenvolvimento capitalista não correspondem necessariamente melhores condições de vida para todos. Talvez o filme ainda merecesse um ou outro corte, mas a montagem ficou ágil e a edição de som foi bastante trabalhada, contando inclusive com ruídos de helicóptero totalmente sintetizados por Hugo Gama, *à la Apocalipse Now*.

Tenho orgulho de ter montado esse filme que não é só o mais orgânico registro histórico das lutas operárias no ABC, pois foi realizado com o Sindicato de São Bernardo, como é também um retrato da transformação política de seu líder que viria a se candidatar à Presidência da República apenas sete anos depois e não venceria apenas por pequena margem de votos. Doze anos mais tarde, novamente candidato, Lula se tornaria o presidente mais popular na história deste país.

Colaborei ainda com Renato Tapajós em pelo menos mais um documentário – *Em Nome da Segurança Nacional* que recebeu o Prêmio Coral no Festival da Havana e também o primeiro prêmio no Festival de Curtas e Médias-Metragens de Oberhausen. Era um filme de montagem que partia de um evento realizado no Teatro Municipal de São Paulo contra a Lei de Segurança

Nacional, para o qual, entre outras coisas, Cesar Charlone fotografara em tons sinistros um desfile de 7 de setembro, além de cenas ficcionais que compunham um painel do terror instaurado na sociedade brasileira pela vigência dos princípios dessa lei.

Alguns anos antes, Hugo Gama apresentara ao Sergio e a mim, um uruguaio simpático e quase sem sotaque, radicado no Brasil. Cesar Charlone convidou-nos para montar um documentário que ele estava rodando sobre o sequestro e desaparecimento de crianças, filhas de perseguidos e presos políticos, em uma operação conjunta dos órgãos repressivos do Brasil, Uruguai, Argentina e Chile[29]. Por razões de tempo, acabei não editando *Cuando sea Grande*, excelente documentário montado pelo Sergio.

Charlone, como é chamado por muitos, estava conquistando espaço e reconhecimento no mercado publicitário graças à sua grande capacidade técnica, criatividade e vontade de experimentar. Quando se ofereceu para fotografar as pequenas cenas ficcionais escritas para o roteiro que Tapajós e eu desenvolvêramos para *Em Nome da Segurança Nacional*, pude entrar pela primeira

---

29 Conhecida como Operação Condor.

vez em contato com o seu jeito de trabalhar que envolvia muita participação e o desejo de não chover no molhado. As cenas ficaram muito fortes visualmente, num branco e preto quase expressionista, resultado obtido com um modesto equipamento de luz.

Senti admiração e afinidade pela busca criativa do Cesar e sua garra de uruguaio. Como ele, eu *vestia a camisa* dos filmes, tanto fazia se eram meus ou não. Até hoje sou assim. Após esse trabalho, nossa amizade cresceu e cheguei a acompanhá-lo em algumas filmagens para conhecer mais o mundo do *set*, uma vez que passava os dias fechado no escuro das salas de montagem. Entre outras coisas, Cesar queria que eu revisse a minha crítica excessiva ao conhecer mais de perto os desafios e dificuldades de uma filmagem. Me recordo especialmente de um trabalho em que ele, entusiasta das mudanças tecnológicas que se aproximavam, iria filmar/gravar pela primeira vez com uma câmera de vídeo U-MATIC. Estávamos na pré-história das sofisticadas câmeras digitais cada vez mais utilizadas nas produções de hoje.

Embora estivesse envolvido com trabalhos estimulantes, nos quais pude experimentar e aprofundar minha experiência e conhecimento cinematográficos, eu sentia profunda insatisfação. A crise pessoal que se iniciara na volta de minha viagem à Europa não havia acabado; pelo contrário, se aprofundava. Eu seguia tomado por um medo profundo e paralisador. Vivia tenso e angustiado, pensava constantemente na morte, na fugacidade da vida, estranhos pensamentos para um cara da minha idade, namorando de forma intensa uma mulher e envolvido com pessoas e trabalhos interessantes.

Comecei a ter sintomas físicos de que estava doente, sentia tonturas na rua, perdia o equilíbrio, tinha fortes dores de estômago; seria um hipocondríaco padrão se gostasse de tomar e comprar remédios, o que não era o caso. Mas o fato é que vivia em um quase constante sofrimento psíquico.

Em mais um capítulo dessa crise, me separei de Jaqueline, numa decisão da qual mais tarde me arrependeria. Voltei ao Ibirapuera e aos livros de ficção. O retorno aos filmes de cunho político e social havia interrompido um processo pessoal que ia em outra direção. Ao mesmo tempo, tomei e decisão de fazer terapia analítica junguiana. Durante anos trabalhei desatando os nós de uma teia que terminara por me atar de vez. Passei um bom tempo nessa situação sobre a qual não cabe aqui me alongar.

Nessa época, Sergio e eu fomos chamados por Ana Carolina para editar a imagem e o som de *Das Tripas Coração*. Ela havia se desentendido com a montadora[30] quando o filme caminhava para o seu segundo corte. Embora já não tivéssemos planos de seguir trabalhando juntos, aos olhos do mercado profissional, Sergio e eu ainda éramos uma dupla.

Ana Carolina dirigira alguns anos antes um filme que fizera furor: *Mar de Rosas*, em que dirigia seu olhar de um humor mordaz e impiedoso para o universo pequeno-burguês. Com personagens radicalmente idiossincráticos nos atirava na *loucura da normalidade* e, se guardava algum parentesco com a obra rodriguiana, Ana trazia um discurso visceralmente feminino, muito particular, sem dúvida importante novidade no cinema brasileiro.

Não sei até hoje o quanto entendo de *Das Tripas Coração*, um mergulho de intimismo histérico na alma feminina. Mas logo de início senti grande afinidade pelo humor *non-sense*, impregnado de expressões ibéricas e de um sentimento espanhol, herdado de sua família. Passados quase trinta anos deste trabalho, lembro-me de algu-

30 Vera Freire.

mas passagens e frases que ainda me fazem rir, muito embora em *Das Tripas Coração* Ana também expusesse suas feridas de forma corajosa.

Ficamos muito amigos, nossa amizade é marcada pelos momentos de humor vivenciados durante aquele trabalho; sempre rimos muito quando nos encontramos. Compartilhar do mesmo humor une tanto ou mais do que compartilhar as coisas consideradas mais profundas. Quando notamos que certas pessoas não compartilham do nosso humor, imediatamente uma distância se estabelece, mesmo que gostemos muito delas.

Capítulo VII

O Mergulho Definitivo

No final de 1982 um amigo dos tempos do Colégio Santa Cruz comentou que Marcelo Rubens Paiva, colega que estudava um ano abaixo do meu, havia sofrido um grave acidente e ficado tetraplégico. Essa trágica experiência o levou a escrever um livro que estava sendo lançando no Sesc Pompeia – uma velha fábrica magnificamente restaurada por Lina Bo Bardi, que virara importante ponto cultural da juventude paulista.

No início dos anos 1980 surgira uma nova geração produzindo a todo vapor. O epicentro daquele terremoto era a Vila Madalena. No Lira Paulistana, um diminuto e precário auditório de subsolo, aconteciam os *shows* de Itamar Assumpção e o grupo Isca de Polícia, Arrigo Barnabé com Clara Crocodilo, o grupo Rumo, de Luiz Tatit, Ná Ozetti, Hélio Ziskind e Ermelino Neder entre outros – gente que trabalhava em altíssimo nível a tradição poética e musical da canção popular brasileira – não esquecendo o *Premê* (Premeditando Breque) que combinava humor e qualidade musical. Os novos cineastas se aglutinavam em produtoras como a Tatu Filmes, a Superfilmes e a Girafilmes. O primeiro grande sucesso do *cinema made in Vila Madalena* foi *A Marvada Carne*, de André Klotzel, um mergulho bem-humorado no universo caipira, que teve grande bilheteria e mostrou que nem só de política vivia o novo cinema paulista.

Havia ainda uma produção com ótimos curtas de ficção e documentais de realizadores como Wilson Barros, Adrian Cooper, Sergio Bianchi (que já havia dirigido longas), Walter Rogério, Alain Fresnot, Chico Botelho, entre outros. Ao mesmo tempo, na Boca do Lixo, jovens como Guilherme de Almeida Prado, Ícaro Martins e José Antonio Garcia estavam produzindo. Os dois últimos haviam aparecido com um filme *cult* chamado *O Olho Mágico do Amor*, no qual a bela Carla Camurati se mostrava aos prazeres voyeurísticos. Para ser sintético, era uma produção com temáticas e estética urbana, muito paulistana, expressão de um Brasil que se modernizara durante os anos de um regime militar que havia promovido o chamado *milagre econômico*. Era um momento especial, pois se sentia que a ditadura não aguentaria muito tempo; havia a percepção de que *ela estava quase caindo*, e só era necessário um pequeno empurrão. Na verdade, não era bem assim, mas sentíamos dessa forma; sopravam novos ventos pelo País.

Por alguma razão não pude ir ao lançamento do livro de Marcelo Paiva. Creio que me senti um pouco constrangido de estar ali, uma vez que não era próximo a ele e não o via desde os tempos do colegial[31]. Porém, alguns meses após o evento, ouvi novos comentários de amigos comuns sobre o livro. Diziam que este era uma espécie de relato sobre as experiências de nossa geração, no qual estavam presentes muitos personagens que conhecêramos. Eu notava que era cada vez maior o número de pessoas de meu círculo que o haviam lido. Fiquei curioso e, quando comprei o livro, vi surpreso que meu exemplar já pertencia à 2ª edição[32]. Li *Feliz Ano Velho* em pouco mais de uma tarde. Quando terminei disse a mim mesmo: *Vou fazer esse filme!*

Antes de procurar o Marcelo, fiz uma nova leitura de *Feliz Ano Velho* e escrevi uma página sobre o meu desejo de adaptá-lo para o cinema. Foi um texto impulsivo que saiu muito rápido, sem qualquer elaboração, íntimo, mas estou certo de que tudo que eu fiz depois – todas as minhas decisões relativas à adaptação e às filmagens – está contido naquela página.

---

[31] Hoje, chamado *Ensino Médio*.

[32] A primeira edição foi de 3 mil exemplares.

Eu havia passado pelo menos dois anos sem rumo. Portanto, não foi à toa que o ponto de partida para tudo foi uma imagem evocada pelo livro: a da imobilidade, da paralisia que a meus olhos era expressão do pavor – do medo de crescer, de se transformar num indivíduo, de virar adulto. Foi assim que o livro se configurou em minha mente – uma metáfora do que havia sido a minha própria vida até então. Tal associação nasceu da sensação física da imobilidade, do medo e da falta de sentido com os quais eu convivera. Aos poucos, fui descobrindo que o desejo, a paixão e a capacidade de se atirar eram o motor da vida.

Naquele momento, eu começava a sair do estado de anestesia – do turbilhão de dúvidas ao qual me agarrava para não sair do lugar. Não foi à toa que, quando entrei na livraria para comprar *Feliz Ano Velho*, torcia intimamente para querer adaptá-lo. Era o momento.

Resolvi falar com o Marcelo e mostrar-lhe o pequeno texto que eu havia escrito. Foi curioso esse encontro. Eu não o via há muito tempo. Fiquei impressionado; ele estava muito magro, abatido, e diante da difícil situação de ter que encarar a vida como tetraplégico. Passado o primeiro choque e o reconhecimento mútuo, tentei lhe explicar o que me impulsionou a adaptar o seu livro.

No início, ele ficou um pouco hesitante, talvez com receio da minha proposta de adaptação, além, é claro, da exposição que aquilo iria representar. Naquela época, o livro nem de longe prometia ser o fenômeno editorial que se tornou.

Nosso encontro também teve algo de engraçado: nos tempos de Santa Cruz, as nossas turmas eram rivais. Eu pertencia ao grupo dos *mais velhos* e isso gerava certa inveja para os da idade de Marcelo; sem dúvida, descabida. Nós é que achávamos a turma do Marcelo mais charmosa e desenvolta com as meninas. É curioso que, cerca de oito anos mais tarde, eu ainda pensasse em tamanha bobagem. Mas o fato é que essas coisas permanecem guardadas em algum lugar de nosso inconsciente e voltam na primeira oportunidade. Ao escrever esse livro, várias vezes me vejo às voltas com esses *retornos espontâneos*.

Passados alguns dias, o Marcelo topou minha proposta, mas não iria se envolver na escritura. Sua aceitação me causou uma alegria enorme. Saí do edifício exultante, mas, passadas algumas quadras, comecei a me perguntar se seria capaz de encarar o desafio que tinha pela frente. Jamais havia escrito um roteiro de ficção e era pouco familiarizado com o trabalho de dramaturgia.

Comecei pesquisando a questão clínica; Marcelo me descreveu todo o seu cotidiano de tetraplégico e me levou à instituição onde havia feito o trabalho de reabilitação, colocando-me em contato com a sua fisioterapeuta e outros que participaram do processo. Também começamos a nos ver mais; eu costumava sair com Marcelo e seu grupo de amigos: Fabião, Ledinha, Denisinha, Aranha, Oswaldo e outros; grandes figuras, muito carinhosos e próximos a ele. Sem falar em sua família, toda composta por mulheres a começar por sua mãe, Eunice, inteligente e lutadora. Nos tornamos amigos e assim seguimos até hoje, embora não veja o Marcelo com frequência. Afora o afeto e a gratidão, tenho por ele grande admiração. Com corajosa persistência e talento se tornou dramaturgo, escritor e cronista dos mais lidos, sem falar na sua incursão pioneira na televisão. Rompendo um tabu e abrindo novas portas, foi o primeiro apresentador cadeirante do Brasil. Escrever o roteiro de *Feliz Ano Velho* foi um processo muito difícil. Não só porque é sempre difícil e solitário escrever, mas porque tive que enfrentar a minha inexperiência e uma patológica auto exigência. A dificuldade técnica repousava na característica fragmentária do livro cujas passagens se ligavam através de associações livres assentadas sobre uma tênue linha narrativa que relatava o processo de recuperação do Marcelo.

É esclarecedor, a respeito da adaptação, reproduzir uma passagem do texto introdutório que fiz para a publicação do roteiro do filme, em 1988:

Passei dois anos intermitentes escrevendo o roteiro de Feliz Ano Velho. *Em um trabalho contínuo, levaria a metade. Foi um processo muito intenso tanto emocionalmente quanto no que diz respeito ao aprendizado cinematográfico. Fiz o que chamo de uma adaptação livre do livro do Marcelo, abandonando a fidelidade à sua história e partindo para um trabalho de caráter ficcional onde não existem as amarras do que é* verdade e *do que é* mentira. *Não pretendia fazer um trabalho convencional. Em seu livro, Marcelo faz um inventário de fatos que compuseram sua vida. Ele precisava, no momento em que escreveu, resgatar todos aqueles acontecimentos e pessoas para agarrar sua vida e revivê-la, em um processo profundamente erótico e lúdico. Em meu filme, embora isso esteja presente, minha preocupação caminhou no sentido de refletir sobre o processo de libertação de um indivíduo das amarras do medo que o paralisavam. Nesse sentido, o resgate de seu passado passa a ter uma dimensão simbólica e não se permite as associações livres que compõem o trabalho de Marcelo. No filme, nada tem uma função descritiva. Tudo obedece ao processo de transformação de Mário.*

Não se tratava de colocar a minha história pessoal, mas de construir um personagem que viveria conflitos com os quais eu me identificava. Fiel ao impulso que me moveu a fazer esse filme, procurei não perdê-lo. É muito fácil que isso ocorra durante o longo processo de realização de um filme. Tudo começa com o seu trabalho solitário, mas, aos poucos, vão chegando os colaboradores de diversas áreas, com sugestões e contribuições, é preciso que estejamos ligados a nosso norte. Reproduzo outro trecho do texto citado, em que descrevo o método que utilizei para a adaptação do livro:

Fiz um argumento sintético e a seguir selecionei, após estar suficientemente familiarizado com o livro, as situações e os personagens que me interessavam. A partir daí, através de um mapa numerado, fui desenvolvendo as cenas, num primeiro momento livremente (meu roteiro é um quebra-cabeças que exigiu paciência para ser montado). Aprendi com o tempo a não jogar fora de imediato as ideias que me pareciam ruins e passei a vê-las como sementes de futuras descobertas. Nos sucessivos tratamentos e como fruto das críticas e do amadurecimento do trabalho, fui me libertando dos excessos – tanto de diálogos como de cenas reiterativas e desnecessárias. Procurei valorizar cada vez mais as imagens e a ação dos personagens e percebi que desta forma os diálogos ganhavam mais força. Um roteiro deve ser tanto escrito quanto lido, procurando-se a sua visualização cinematográfica (que nasce da relação som/imagem). Do que escrevi para o que filmamos houve uma porcentagem que considero pequena de cenas eliminadas e ainda de mudanças na ordem narrativa. Os diálogos também sofreram poucas alterações que ocorreram sempre no sentido de adequá-los às interpretações de cada ator. Há, porém, a magia das filmagens. Por mais planejamento que haja, por mais bem escrito que seja um roteiro, o resultado será sempre uma surpresa. Não é possível realizar tudo de antemão. Se fosse, filmar não teria graça nenhuma, seria um mero trabalho burocrático. Além do mais, cinema é um trabalho de equipe e eu procurei estar sempre aberto às ideias que partiam dos que trabalhavam comigo. Embora tenha o filme na cabeça, nem sempre o diretor tem as melhores soluções.

O filme, ao contrário do livro, não começa com o mergulho que motivou a paralisia de Mário (nome do personagem interpretado por Marcos Breda). Isto porque eu não via o mergulho como um acidente, mas sim como uma resultante da trajetória do personagem; Mário não é uma vítima do acaso, embora se sinta assim; suas escolhas o levaram ao mergulho e assim ele é responsável pelo que lhe ocorreu. Só quando consegue sair de uma posição de vítima é que ele toma a vida em suas mãos e se afirma como indivíduo.

Com essa visão, o roteiro alterna duas linhas narrativas principais: a do *presente*, que se inicia quando Mário volta à casa de sua mãe como tetraplégico, e a do *passado*, que começa quando Mário parte para estudar em Campinas em seu primeiro movimento de crescimento. Por meio de *flashbacks*, essas duas linhas caminham em sentido convergente até que se encontram na imagem do mergulho em que Mário choca a cabeça contra a rocha no fundo do lago. Esta é a cena em que Mário vê na tela em branco que colocou diante de si em lugar de uma foto de seu passado que ele costumava contemplar sozinho em seu quarto. Pela primeira vez, Mário olha para o que procurou evitar todo o tempo. Essa concepção nasce da ideia de que ele só irá crescer quando encarar os seus limites.

Assim, a visão do mergulho surge como uma revelação. Mário precisou ficar só e até ser abandonado pelo próprio corpo, para que pudesse dar um sentido vital a seu mergulho no lago. É a partir da percepção de uma solidão inerente à condição humana que começa a construir a própria vida. Hoje penso que ele não deveria

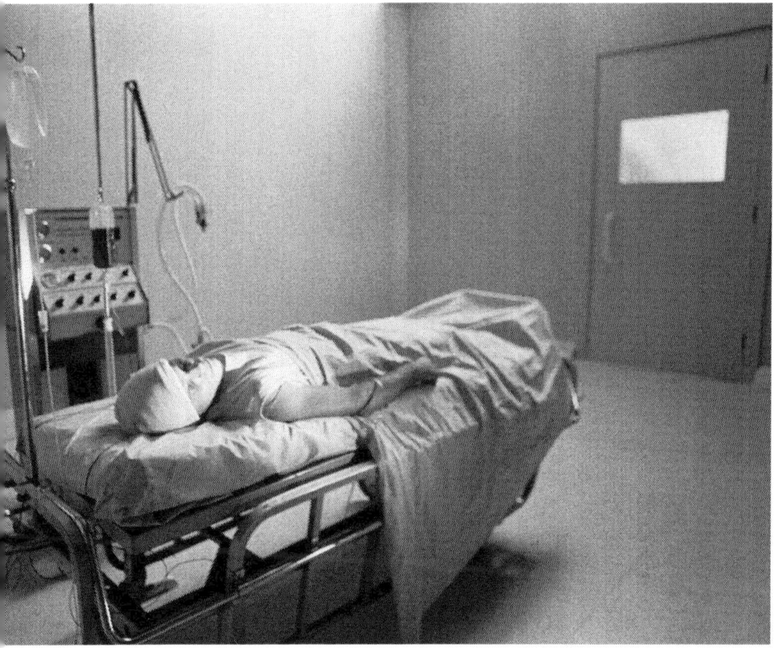

A gigante e inóspita UTI nos primeiros minutos da década de 1980

ficar, ao final do filme, na casa de sua mãe, mas sim morando sozinho.

Se o tema e o conflito essencial da linha narrativa do presente consiste na negação de Mário de sua condição, a narrativa do passado o mostra às voltas com a sua incapacidade de compreender o universo feminino, por essa mesma razão temê-lo e, ao mesmo tempo, negá-lo. Mário deseja Ana, mas não a deixa entrar em sua vida. Não a leva a sério, não a entende. A teme a tal ponto que decide separar-se. Quando a quer de volta já é tarde. O abandono de Ana, núcleo de sua dor e solidão, ilumina outra maneira de se relacionar com o mundo e consigo mesmo. A descoberta do outro, do diferente, de um jeito de sentir feminino que identifica em si mesmo, o ajuda a encontrar coragem para encarar tudo de que fugia e resgatar os elementos para tornar-se um homem e aí sim, andar simbolicamente. A linguagem simbólica presente em todo o roteiro, reflexo de minhas descobertas na terapia analítica, me ajudou a vislumbrar essas instâncias tão caras em minha vida.

Embora eu tenha começado a escrever o roteiro com 26 anos e filmado com 29, sob inúmeros aspectos, *Feliz Ano Velho* é um filme adolescente. Por outro lado, há também uma construção complexa e madura sobre o chamado processo de individuação feito por meio de uma trama

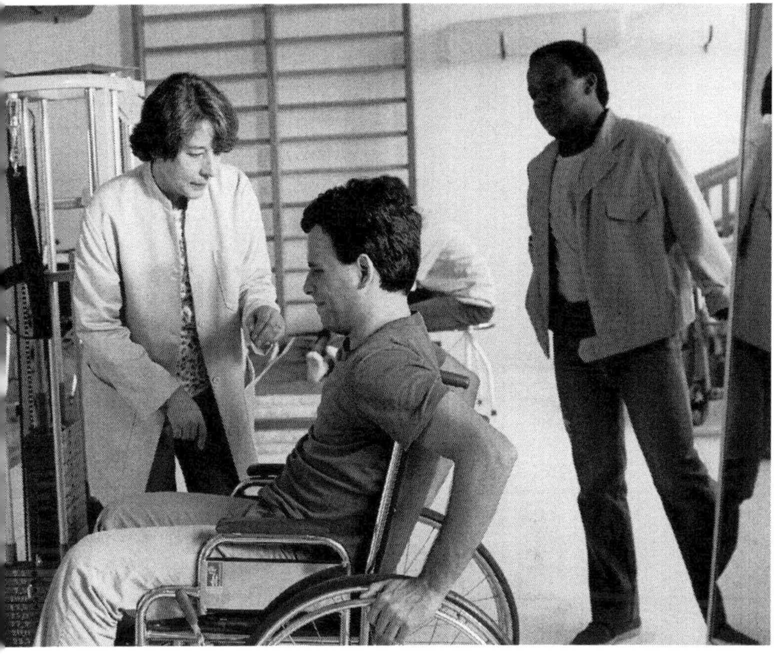

O difícil presente de Mário o remete ao passado; Gisela (Isabel Ribeiro), Mário (Marcos Breda) e Edu (Augusto Pompeo)

bastante elaborada de passagens de tempo. Elas me fascinavam e foram escritas dentro de uma concepção de cinema de montagem, a minha porta de entrada no universo da linguagem cinematográfica. Apenas como exemplo, cito a passagem da tela branca no ateliê de Beto (Marco Nanini) para o clarão esbranquiçado do lampião no interior de uma barraca de acampamento estudantil. Alguns anos antes eu havia visto *Era uma Vez na América*, de Sergio Leone, muito inspirador por suas belíssimas passagens de tempo.

Aqui abro um parêntese para falar a respeito de uma prática tão condenada por alguns cineastas, que é a de inspirar-se em soluções ou achados de outros filmes. Tal postura me parece a de querer *inventar a roda*. A maioria das grandes descobertas da linguagem cinematográfica aconteceu, no máximo, até os anos 40 do século passado. A partir de então, o que se viu foram reelaborações, recombinações que levaram a novos significados e estilos, e que estabeleceram universos personalíssimos como, por exemplo, o dos filmes de Fellini. Muitas vezes, *inventamos* soluções sem nos lembrar que a vimos em um filme esquecido. Achar que inventou algo inédito no cinema é, no mais das vezes, um sintoma de ignorância cinematográfica.

Ao longo do processo de roteirização foram de grande utilidade as análises feitas por Francisco Ramalho Jr., que me levaram ao encontro de uma estrutura dramática mais sólida. Por vezes, em minha inexperiência narrativa, me via seduzido por cenas descritivas, dispersivas e rasteiras. Consegui me livrar da maioria delas graças a esse amigo de quem havia me reaproximado.

Inspiradoras foram também as conversas com Cesar Charlone a quem desde o início pretendia confiar a Direção de Fotografia. Nessa época ele só havia fotografado um longa-metragem[33]. Ao ler o roteiro que narrava a história de um personagem em uma cadeira de rodas, Cesar me alertou para o fato de que esse tema não me condenava a um *filme sentado*, expressão adotada por nós ao analisar uma cena – *essa cena é de* filme sentado*; por que não levá-la para a rua e fazê-la em um* travelling*?* Incorporei a ideia de movimento na concepção do roteiro e de *mise-en-scène*, procurando dar às cenas uma dimensão visual e uma dinâmica.

Com o roteiro ainda no primeiro tratamento, coloquei-o em um edital da Embrafilme em que foi um dos dez selecionados. Pouco depois,

---

33 *Aqueles Dois*, de Sergio Amon.

Com Charlone: evitamos os caminhos mais fáceis e seguros

soube que a estatal havia escolhido o meu projeto para ser o primeiro a receber os recursos de filmagem. Para isso, eu necessitava de um produtor e – como todos os que conhecia estavam ou em produção ou comprometidos com outros projetos – indicaram-me um importante profissional da área de publicidade. Achei que isso poderia dar solidez à produção e segurança aos eventuais investidores. Levei o projeto e os recursos recebidos para ele, uma exigência do edital. Passado um ano de nosso acordo, nada havia acontecido; somente eu havia trabalhado e levantado uma parcela da quantia necessária.

Decidi-me a trocar de produtora, não sem antes conversar com Cláudio Kahns, jovem produtor, dono da Tatu Filmes, que acabara de exercer a produção-executiva nas filmagens de *Vera*, de Sergio Toledo (Segall). Comuniquei ao produtor publicitário que decidira levar o meu projeto para a Tatu Filmes, pois, ao longo daquele ano, ficara claro que o longa-metragem não era prioridade em sua empresa. Foi uma conversa civilizada, tranquila e supostamente franca que terminou com a sua concordância.

Qual não foi a minha surpresa quando, passados três meses da decisão tomada em comum acordo, ele ainda seguia com os recursos em sua conta! Ao entrar em contato com a Embrafilme para a qual todo o dinheiro do projeto deveria ser devolvido antes de ser realocado para a Tatu Filmes, fui informado de que tal produtor pretendia devolver os recursos sem qualquer correção monetária em um ano em que a inflação havia atingido 500%! Isso sem falar nos rendimentos obtidos com as aplicações financeiras que qualquer produtor certamente faria. Esse impasse atrasou em um ano a produção de *Feliz Ano Velho* e dessa forma, entre outras coisas, impediu que o filme fosse lançado em 1986, quando o Brasil viveu uma bolha de consumo graças ao Plano Cruzado. Um prejuízo incalculável.

Eu nunca imaginei que pudesse ter visões de matar uma pessoa, mas confesso que mais de uma vez me vi fuzilando tal indivíduo com todo o ódio que acumulara. Lembro que um dia chorei em humilhante desespero diante de sua mesa, dizendo-lhe que estava retendo recursos que me pertenciam e que, em comparação com o faturamento mensal de sua produtora, eram pó de traque. Sua resposta foi pragmática e óbvia: *Dinheiro é dinheiro*...

Após um suado acordo com a Embrafilme, em que tivemos de assumir todo o prejuízo, retomei o projeto, porém dessa vez com alguém bem mais próximo ao meu lado. O Cláudio estava entusiasmado e, juntos, conseguimos, com muito trabalho, levantar os recursos necessários para filmar sem desespero. Sua presença era alegre e agradável, era um grande sedutor. Suzana Villas Boas, produtora que eu conhecera nos trabalhos com Renato Tapajós, e com quem o Cláudio estava casado, faria a Produção Executiva Adjunta.

Capítulo VIII

Um Anti Documentário

A pré-produção se aproximava e comecei um trabalho de preparação com César Charlone e Clovis Bueno, a quem chamei para fazer a direção de arte. Nos encontrávamos periodicamente para pensar e definir o tratamento visual do filme. Discutíamos o roteiro, víamos filmes, foi um trabalho produtivo embora eu percebesse que Clovis ainda não embarcara muito no que se gestava, quem sabe devido à sua linha de trabalho avessa a conceitos e calcada no real, em que ele é quase imbatível. Eu sentia da parte dele certo receio, fruto, quem sabe, de sua responsabilidade profissional; ele era o mais experiente de nós três e via que se desenhava uma proposta bastante radical em termos visuais para o cinema que se praticava por aqui.

César tinha uma admiração confessa por Vittorio Storaro, grande diretor de fotografia italiano, que assinou filmes como *O Conformista*, *O Último Tango em Paris*, ambos de Bertolucci, *Apocalipse Now* e *O Fundo do Coração*, de Francis Ford Coppola, entre outros. Este último filme, que adotava uma iluminação teatral com forte presença das cores vibrantes das luzes de néon, foi uma grande inspiração para o tratamento visual desenvolvido em *Feliz Ano Velho*.

Storaro havia criado, ao longo de sua carreira, uma proposta de trabalho cromático relacionado à dramaturgia; ele partia do princípio que as cores provocariam sentimentos e sensações nas plateias, ampliando o escopo expressivo do universo visual de um filme. Inicialmente relutante, Clovis Bueno acabou embarcando em nossa viagem e muito contribuiu.

Eu via tal tratamento visual como um produto natural do roteiro que havia escrito. Queria algo que fosse completamente diferente do que fizera antes, pois sentia essa mudança em mim. Posso dizer que a minha intenção era fazer um *anti documentário*. Não é à toa que *Feliz Ano Velho* é povoado por sonhos, envolve uma dimensão alegórica e tem um jogo lúdico com as cores que se contrapõem à estética e à lógica do documentário político.

Assim, cada linha narrativa mereceu um tratamento visual (e até mesmo sonoro) distinto. À divisão em duas linhas narrativas principais – o Presente e o Passado – acrescentamos uma terceira que se desenvolve no hospital, logo após o mergulho, quando Mário está entre a vida e a morte; chamei-a de *Limbo* – trata-se de uma subdivisão da linha narrativa do passado.

O pesadelo

O presente azulado e frio. Mário (Marcos Breda) busca seu desenho instigado por Beto (Nanini)

Por se tratar de um filme em que o protagonista se volta para o passado, eu pensava muito em como seria o tratamento visual dado a essa linha narrativa. A convenção era de que o mostrássemos em preto e branco ou em sépia, como ocorria em inúmeros filmes. Porém, eu notava que a memória obedece às necessidades do nosso inconsciente; nos recordamos de fatos que *precisamos* recordar em função do momento que atravessamos. Fatos, sensações e sentimentos de nosso passado ficam na escuridão e, de repente, o farol do inconsciente os ilumina porque necessitamos daquilo sem sabê-lo. Da mesma forma, eu estabeleci que a memória de Mário não corresponderia ao que havia de fato ocorrido, mas a uma construção que respondia às necessidades do momento que ele atravessava em sua vida. Há verdade na memória, mas esta não corresponde exatamente à *realidade* do que foi, se é que podemos estabelecer isso de forma absoluta. A chamada *realidade* seria algo intangível, relativo. Sei que, de um ponto de vista filosófico, tal afirmação daria muito *pano pra manga*...

Mário, um personagem paralisado pelo medo de crescer, de seguir adiante, e preso a tudo o que viveu, agarra-se a seu passado de forma melancólica, o sente como algo perdido. Dessa forma, tratamos a memória como uma ficção,

O passado reiventado pela memória – a república de Campinas com cores e tratamento nada naturalista

fruto de sua imaginação. E o Passado adquiriu um tom quase onírico. Há predomínio absoluto das cores quentes na fotografia e na direção de arte. Na parede dos quartos da república há referências às capas de discos de *rock* (*Yes*, Pink Floyd) que povoavam o mundo de Mário, pintadas com grande fidelidade. Filmamos com lentes grande-angulares em enquadramentos que visavam inserir o protagonista em seu ambiente, ligando-o aos que o cercavam e relacionando-o com homens e coisas. Os planos são predominantemente abertos e perspectivados e, nos exteriores, buscamos os dias ensolarados. O som é tratado com ruídos e ambientes suaves e mesmo as vozes têm equalização mais aveludada.

Em função de tal tratamento dado à memória, *invertemos as bolas* e tratamos o Presente – linha narrativa mestra da história que se inicia no momento em que Mário começa o tratamento de reabilitação após deixar o hospital – de forma quase monocromática. Demos um tratamento azulado à fotografia, inspirado pelo filme *Possessão*, de Andrei Zulawski, com predomínio de cores frias, em tom pastel na direção de arte. Procuramos filmar os exteriores em dias nublados de forma a eliminar brilhos e diminuir os contrastes. Utilizamos também lentes fechadas que isolavam o personagem do seu entorno em oposição ao passado. Há uma falta de vibração na imagem, uma tristeza melancólica. Os ruídos da trilha sonora, por sua vez, são duros e urbanos.

Ao final do filme, na linha narrativa do Presente, quando o personagem revisita a república onde morou com os amigos e revê as pinturas na parede de seu quarto, percebemos que elas estão totalmente diferentes do que foram mostradas durante o filme – mais rústicas e primárias. Klauss diz a Mário: *Está tudo igualzinho*... Mas está tudo diferente! Até hoje me emociono com essa cena, talvez a mais comovente do filme para mim.

A linha que chamei de *Limbo* e que corresponde ao quarto de hospital onde o personagem está imobilizado, com a cabeça a mil, é uma variação da linha do Passado, em que trabalhamos com a exacerbação de cores; mas dessa vez, ao invés das cores quentes, exacerbamos uma única cor: o azul, que funcionaria como uma transição para o Presente. Da mesma forma, utilizamos lentes abertas e planos perspectivados em um cenário que correspondia a uma nada realista unidade de UTI, em função de suas grandes dimensões e espaços não funcionais.

Tal proposta estética foi executada com grande rigor; não ficou só nas intenções e conceitos. E isso não seria possível somente com o profissio-

A volta à república: até hoje me emociono com essa cena

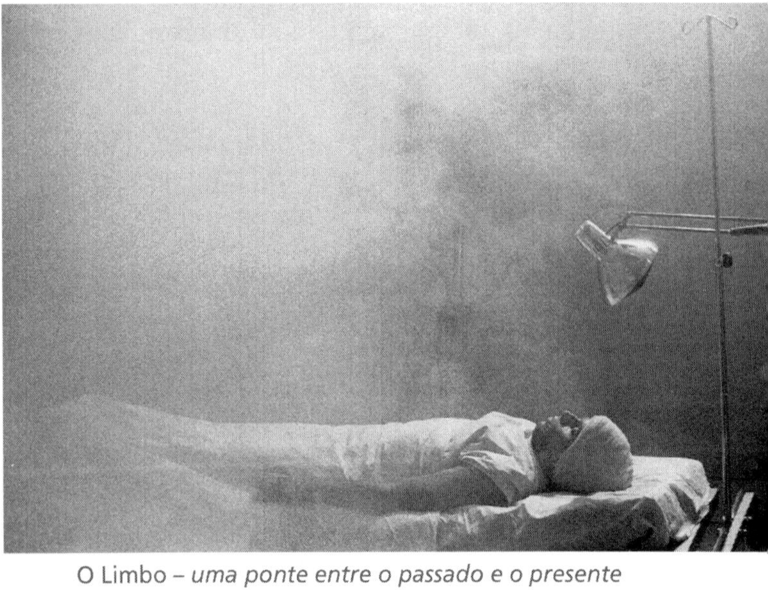

O Limbo – *uma ponte entre o passado e o presente*

nalismo e a entrega da equipe; contamos com um produtor que comprou tal ideia e lutou para que ela se viabilizasse.

Portanto, ao contrário do que uma visão superficial de *Feliz Ano Velho* pode sugerir, o tratamento visual não foi um trabalho *ornamental-publicitário* como muitos declararam. Estava calcado em ideias orgânicas ligadas à dramaturgia e ao tema do filme.

Mais tarde, revendo o filme, senti que o nosso excessivo rigor formal, por vezes, nos forçou a decisões não muito felizes do ponto de vista visual, como a utilização exagerada de gelatinas coloridas em certas cenas exteriores do Passado para compensar a ausência do sol e as consequentes cores mortiças. Para realizar uma proposta como essa precisaríamos ter o controle absoluto das condições de filmagem, algo só possível em um estúdio (como ocorreu em *O Fundo do Coração*) ou ainda, esperando o momento ideal para a filmagem, sem limites de tempo, inimaginável para a grande maioria dos filmes. Hoje, a maior parte dos efeitos teria sido trabalhada eletronicamente, alcançando melhores resultados sem tanto sacrifício.

Quando nos arriscamos é quase inevitável cometer alguns erros. Mas eu queria essa radicalidade nas imagens de *Feliz Ano Velho*. Se não sinto a adrenalina de estar fazendo algo que ainda não fiz, a realização de um filme pode se tornar algo muito burocrático. Em *Feliz Ano Velho*, há inúmeros momentos visualmente fortes – como a caminhada em exterior em que Mario e Klauss discutem tingidos pela luz vermelha, ou ainda as cenas na república – que valeram a radicalidade da proposta. Não conseguiria pensar em *Feliz Ano Velho* sem a cara que o filme adquiriu. Por isso não recomendo assisti-lo no DVD lançado no mercado[34], que me provoca engulhos.

Se a linguagem simbólica e metafórica de *Feliz Ano Velho* me agrada, o mesmo não posso dizer das alegorias presentes no filme, principalmente por meio do *vitral* que aparece na cena inicial do filme, em que Mário está no quarto de hospital e que mais tarde irá se espatifar em cacos. Não chegamos a uma solução satisfatória para tal objeto, acho-o precário, mas mesmo que chegássemos a algo melhor, o que seria possível, o problema estava na ideia em si. Tampouco gosto de alguns

---

[34] Infelizmente o DVD foi pessimamente editado – som e imagem estão muito ruins, o que prejudica em muito a apreciação do filme. Não participei de sua feitura e lançamento. Algum dia, se for possível, penso em remasterizá-lo.

O sonho da caverna – *em raras exceções o discurso alegórico se presta ao cinema*

dos sonhos, todos com tratamento alegórico, principalmente o do passeio de Ana e Mário na caverna, feita em estúdio, que me transmite uma sensação de precariedade. Em contraposição, o pesadelo em que o pai de Mário é fuzilado é uma das imagens mais fortes do filme.

A alegoria é um discurso preferencialmente literário ou gráfico que pouco ou nada tem a ver com o cinema, pois resulta quase sempre em soluções cinematograficamente muito discutíveis. É claro que há exceções brilhantes – como o monólito de *2001 – Uma Odisseia no Espaço*, de Stanley Kubrick, certas alegorias fellinianas, ou tarkovskianas – que só confirmam a regra.

Já naqueles anos eu dedicava grande atenção ao trabalho dos atores. Graças à oportunidade que tive desde criança de acompanhar com o Sergio o trabalho de sua mãe, Beatriz Segall, inclusive assistindo a leituras de peças e ensaios, eu tinha plena consciência de que era do trabalho dos atores que surgiriam ou não a verdade e a vida em um filme. Por melhor que fosse a dramaturgia, eles dariam alma e concretude a personagens que só existiam no papel. Após longo processo de seleção, chegamos ao protagonista, Marcos Breda, jovem ator desconhecido, que tomara um ônibus noturno em Porto Alegre e ao chegar a São Paulo, de manhã, foi diretamente ao pequeno auditório do Museu Lasar Segall, onde Aimar Labaki[35], preparador de atores, e Nelson Nadotti[36], assistente de direção, me acompanhavam nos testes.

Marcos Breda revelou-se uma ótima escolha; eu havia testado bons atores, principalmente cariocas, mas, no caso de *Feliz Ano Velho*, não via um personagem com *sotaque* carioca, pois se tratava de uma história de atmosfera muito paulistana. Breda tinha um rosto de olhos fundos, algo doentios, e de ossos salientes que expressavam fisicamente o que eu procurava para o personagem, ainda que na vida real ele fosse e siga sendo uma das pessoas mais engraçadas que conheci.

Ele se atirou com muita garra e disciplina ao processo de preparação, frequentou por semanas uma instituição para deficientes físicos, praticou todos os procedimentos para comer, mover-se, escrever à máquina, pegar copos e canetas; inteirou-se, na prática, de suas limitações e dos

---

[35] Hoje dramaturgo, diretor de teatro e autor de novelas televisivas.

[36] Após carreira no cinema como roteirista, assistente de direção e diretor, escreveu minisséries para a TV e hoje pertence ao núcleo de autores de telenovelas da Globo.

Mário no Passado; Marcos Breda enfrentou um grande desafio em seu primeiro trabalho como ator

Mário no Presente, com Edu (Augusto Pompeo): um trabalho denso e difícil

exercícios fisioterapêuticos. Circulou pelas ruas em cadeira de rodas, recebendo esmolas sem que pedisse, mas, para mim, isso era o básico para encarnar o Mário.

Por outro lado, sempre lhe disse que o filme não era sobre Marcelo Paiva e, portanto, que ele jamais deveria imitá-lo. Dessa forma, não havia um modelo a seguir – o personagem deveria nascer do próprio ator, já estava nele, era só deixar que aflorasse. Penso que o Breda fez uma interpretação com a profundidade e as nuances que o seu papel pedia – um trabalho complexo, de grande exigência psíquica e física para um ator de 20 anos e inexperiente.

Porém, quando o filme começou a ser rodado, a angústia e a ansiedade que Breda sentiu – por se saber o centro de todo aquele *circo* – manifestaram-se em um comportamento irrequieto e dispersivo. Um dia, chamei-o de lado e lhe disse que seu trabalho estava sendo seriamente comprometido por sua atitude e que, se as coisas continuassem daquele jeito, o resultado seria uma merda de grandes proporções. Preocupado, ele me perguntou se isso ocorrera em algum material filmado; eu lhe respondi afirmativamente. A partir daí, ele retomou sua concentração e equilíbrio. Respeitei as suas *recaídas* em algumas ocasiões; eu sabia que era uma forma de exor-

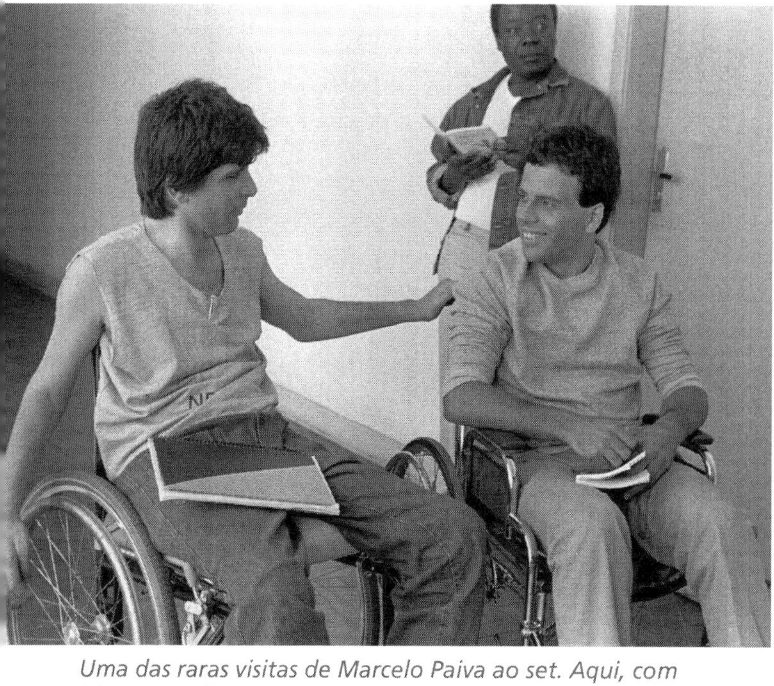

Uma das raras visitas de Marcelo Paiva ao set. Aqui, com Marcos Breda

cizar a grande pressão que ele sentia e também a densidade do papel que fazia.

Até hoje somos muito amigos; tenho por Marcos Breda grande carinho; é admirável o trabalho que desenvolve no teatro, explorando o seu talento para fazer rir em belíssimas montagens de Commedia dell'Arte, entre outras propostas. Já manifestou inúmeras vezes a importância que interpretar Mário teve em sua própria vida.

Malu Mader foi a única atriz entre os atores jovens que escolhi de antemão, sem fazer testes. Seu trabalho na TV me chamara a atenção não somente por sua beleza marcante, arquétipo da mulher sonhada nos anos 70 – com cabelo preto que emoldurava um rosto de pele alva e sardas suaves, marcado por fortes sobrancelhas e olhos castanho-escuros. Tal figura algo romântica comportava também uma personalidade forte e agressiva em determinados momentos. Nada a ver com a namoradinha compreensiva e dócil, mas uma mulher que sabia ser dura. Era a Ana que eu imaginara.

A câmera gostava da beleza magnética de Malu e ela fez um trabalho nuançado e suave, nos dois papéis que interpretou no filme. Porém estou seguro de que ela poderia ter rendido mais se houvesse uma entrega maior que não consegui

Malu Mader, como Ana. Arquétipo de beleza feminina dos anos 70

Aqui como Angela: Trabalho nuançado e suave nos dois papéis

obter. Havia algo de protegido e controlado em seu trabalho, um receio, fruto quem sabe de falta de confiança ou até mesmo pudor. Somos amigos, mas jamais lhe disse isso, talvez porque só agora tenha formulado o que senti.

Com a contribuição de Aimar Labaki, formei um grupo muito bom de atores jovens, entre eles Carlos Loffler (Klauss), Alfredo Damiano (Arnaldo) e Betty Goffman (Soninha), que deram vida a personagens diversos em suas idiossincrasias e formas de ser.

Da mesma forma que Beatriz Segall, a quem – a exemplo de Maurício – chamo até hoje de Tia Beatriz, Odilon Wagner foi um importante conselheiro para a escolha do elenco adulto. Eu o havia dirigido na dublagem em português de *O Beijo da Mulher Aranha*[37], trabalho meticuloso e com muito bom resultado, durante o qual estabelecemos uma amizade, também nascida de nossa afinidade humorística. Foi Odilon quem

[37] Devido ao alto índice de analfabetismo no Brasil, *O Beijo da Mulher Aranha*, cujos papéis principais eram interpretados por atores americanos, foi lançado aqui com cópias dubladas e subtituladas. Odilon dublou William Hurt(Molina) , enquanto Geraldo Del Rey dublou Raul Julia (Valentín).

Um ótimo grupo de jovens atores. No sentido anti-horário: Betty Gofman (Soninha); Carlos Loffler (Klauss); Gabriela Oliveira (Helô); Júlio Levy (Gorda) e Mário (Marcos Breda)

recomendou Eva Wilma para o papel de Lúcia, mãe de Mário; eu conhecia o trabalho de Eva principalmente na TV, em que acabavam lhe dando personagens parecidos; no cinema, havia atuado em *São Paulo S.A.*, um dos nossos filmes mais brilhantes, mas já fazia tempo; no teatro, eu a havia visto pouco. Naquele momento ela estava em cartaz com a peça *Quando o Coração Floresce*, drama sentimental de Aleksei Arbuzov, sobre um casal de idosos, em que ela contracenava com seu companheiro Carlos Zara.

Ao sair do teatro, tive a certeza de que a queria para o papel. Eva Wilma fez uma das cenas mais belas do filme, na qual seu personagem, Lucia, presta um depoimento sobre o medo em uma manifestação por direitos humanos. Outra grande atriz com quem tive a sorte de trabalhar foi Isabel Ribeiro. Eu jamais esqueço um dos primeiros filmes a que assisti com ela – *São Bernardo*, de Leon Hirszman. Quando a vi, no começo dos anos 1970, ainda cineclubista, não podia imaginar que viria a trabalhar com Isabel. Ela deu a Gisela a cumplicidade, o afeto e a distância, combinados de forma precisa. Sua atuação envolvia uma compreensão profunda da personagem e do próprio filme que carrega a triste marca de ser um de seus últimos trabalhos.

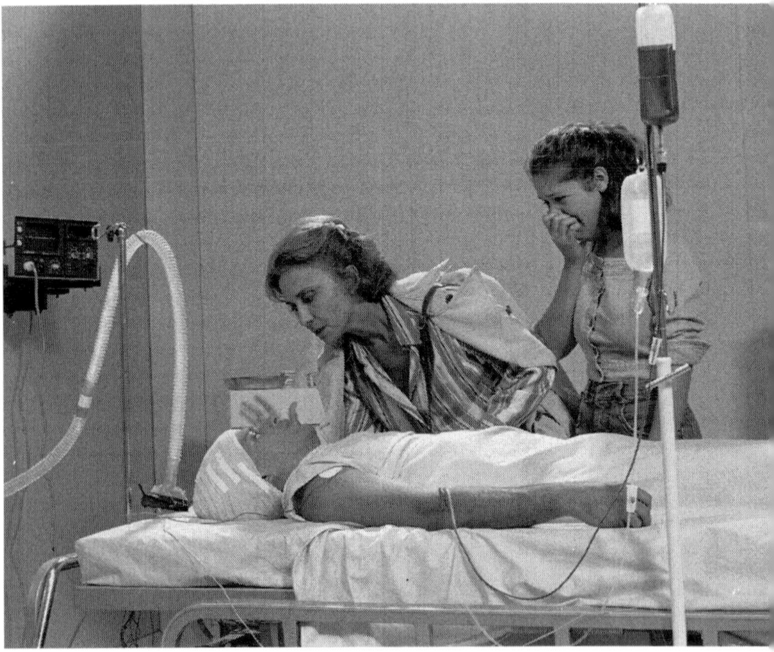

Eva Wilma, há muito afastada do cinema, fez um trabalho memorável

Isabel Ribeiro, como Gisela, um trabalho preciso que envolveu uma compreensão profunda do filme

O outro personagem adulto do filme é Beto, interpretado por Marco Nanini. Creio que ele mesmo se surpreendeu ao receber o convite, pois se tratava de um papel dramático, de um personagem amargo e sem humor, porém generoso; uma espécie de mentor de Mário. Grande ator que é, Nanini se saiu muito bem, ainda que não estivesse no seu elemento. Creio que – além de sua figura física e de seu inegável talento – o escolhi por esse sentimento incômodo, essa tensão que o papel de tal personagem poderia lhe provocar e lhe exigia.

Odilon Wagner ainda fez o papel do pai de Mário, interpretando as suas duas únicas cenas lindamente. Não posso me queixar do elenco que tive e que, graças ao seu talento e ao trabalho de preparação realizado durante dois meses, garantiu uma unidade de interpretação, coisa que admiro nos melhores filmes e que persigo em meu trabalho.

A montagem foi feita por um jovem, Galileu Garcia Jr., com assistência de Willem Dias, que, 20 anos mais tarde, editaria os meus quatro filmes da série *Carandiru*. A montagem era o meu elemento até então, função em que me sentia em casa e por isso me dei ao luxo de escolher uma equipe muito jovem com a qual me entendi muito bem. Queria participar da montagem ati-

Odilon Wagner, como Carlos – a memória do pai assassinado pela ditadura

vamente e achei que com alguém mais novo não enfrentaria problemas de orgulho ou vaidade.

Tive problemas graves com o editor de som que não cumpriu os prazos, embora fosse e seja uma pessoa criativa que, posteriormente, veio a fazer ótimos trabalhos. Assim, eu mesmo acabei assumindo a edição de som de *Feliz Ano Velho*, um dos primeiros em Dolby Stereo feitos no Brasil. Trabalhar por cerca de um ano como editor de som para comerciais, cujo som direto era feito por Hugo Gama, além dos filmes que editara, fora uma ótima escola. Com a valiosa colaboração de Galileu e de Willem, e graças a José Luiz Sasso, sem dúvida, o mais importante técnico de mixagem dos anos 1970 e 1980, pioneiro e introdutor de muitas técnicas no Brasil, entre eles o Dolby Stereo, fizemos um bom trabalho.

Sasso segue mixando alguns dos mais importantes filmes da atualidade e é uma figura referencial nessa área. Somos grandes amigos, embora as inúmeras sessões de mixagem que já atravessamos tenham rendido passagens dignas das melhores comédias italianas.

Luiz Henrique Xavier veio de Nova York – onde estava cursando música na Cuny (City University of New York), trabalhando como ascensorista e vigia noturno de edifícios – movido pelo en-

Xavier, na flauta, e eu em uma apresentação, ainda no curso colegial.

tusiasmo e pela vontade em fazer sua primeira trilha para um longa de ficção. Ele tinha recebido os diversos tratamentos de meu roteiro e minhas notas quando estava por lá. Gostava de ouvir a sua opinião e a de Soninha Mindlin, grande amiga, com quem se casou. Não foi difícil trabalhar com o Xavier, pois tínhamos há muito uma amizade calcada, entre outras coisas, numa afinidade musical – tocamos juntos e escutávamos as mesmas coisas. É claro que os anos de estudo haviam lhe dado muito mais consistência. O espírito de sua trilha acompanhou de alguma forma os conceitos estabelecidos para a imagem. Há momentos iluminados como o solo de violão executado por Paulo Bellinati, que se escuta quando Mário retorna à república onde morou. Lembro-me que, quando buscávamos o *rock* interpretado por Mário e Klauss, Xavier me apresentou o The Police e seguimos mais ou menos aquele estilo puxando mais para os anos 1970. Seu trabalho primoroso acabou reconhecido em Gramado, onde recebeu menção honrosa.

Ainda que *Feliz Ano Velho* tenha tratamento e tema intimistas, há uma inegável presença da história política do nosso país, ainda que como pano de fundo, para os conflitos de Mário. Mesmo assim, muitos insistiram em vê-lo como um filme de temática política. Eu havia

Klauss (Carlos Loffler) presenteia Mário com a foto ampliada da última vez que tocaram juntos

A mixagem da música de Feliz Ano Velho: na mesa, Carlos Charlone; à direita, Luiz Henrique Xavier; à esquerda, eu

aprendido que não temos o menor domínio sobre a leitura que as pessoas vão fazer de nosso trabalho. Assim, cada um que o entenda da forma como quiser; é esse o destino de todos os filmes.

Quando o Marcelo viu o filme, a primeira coisa que disse foi: *Esse cara aí não sou eu!* Mas é natural que não tenha se reconhecido, pois Mário não é o Marcelo. Meu objetivo jamais foi fazer a reconstituição de sua vida, não havia esse compromisso. Meu filme tampouco tem o tipo de humor e a leveza presentes no livro; coloquei o meu foco em coisas que Marcelo talvez não quisesse ou não aguentasse tocar.

O livro do Marcelo é muito bem-humorado. Ele recorda as meninas com quem transou, descreve as transas com erotismo vivo, tem um olhar carinhoso e sacana para com os amigos e familiares, é um depoimento cativante. Mas afora as nossas diferenças de personalidade, há uma clara diferença de momento e condição: Marcelo precisava sentir-se vivo quando decidiu escrever o livro. Ele sentia que devia materializar e dizer a si mesmo: *Esse que viveu tudo isso sou eu!* Já o filme responde a uma necessidade mais existencial de sentir-se vivo, é um esforço de compreensão e de tentativa de dar um passo adiante, comprometendo-se com a vida.

Porém, em comum com o livro, o filme revelava que a geração *alienada e acomodada* que crescera sob o AI-5 não existia. Os jovens dos anos 1970 não estavam somente curtindo *rock*, surfando e fazendo suco de papaya com laranja. Essas eram as cores da época e a sua vitalidade.

Feliz Ano Velho foi exibido publicamente pela primeira vez na abertura do Festival de Gramado, em 1988, e levou sete prêmios, entre eles o de melhor roteiro, o Prêmio Especial do Júri, melhor fotografia, além da já citada menção para a música.

O Festival de Gramado era naquela época, com o de Brasília, o mais importante do País. Muito diferente da realidade de hoje em que a profusão de festivais acabou banalizando esse tipo de evento. Naquele ano, Gramado contou com bons filmes, como *Dedé Mamata*[38] e *A Menina do Lado*[39], entre outros, além do excelente *A Dama do Cine Shangai*, de Guilherme de Almeida Prado, ganhador do prêmio de Melhor Filme. Conheci o Guilherme nessa ocasião e, a despeito do estúpido sentimento competitivo que se apossa de todos nessas situações, começamos

---

[38] De Dodô Brandão.

[39] De Alberto Salvá.

As cores da época

uma grande amizade que hoje envolve colaboração mútua e trabalhos conjuntos.

Feliz Ano Velho foi um filme esperado. No pré-estreia, promovida pela *Folha de S. Paulo*, houve um tal tumulto na entrada, que as portas de vidro do Cine Gazeta foram quebradas. O filme foi um êxito de bilheteria. Muitos dizem que poderia ter sido ainda mais bem-sucedido, não fossem as características que dei ao meu personagem e à narrativa não linear adotada. Pode ser. Mas o que me levou a adaptar o livro não foi o seu sucesso, visto que esse nem sequer acontecera quando me decidi a fazer o filme.

Certo ou errado, não o encarei como uma oportunidade comercial, *minha primeira salsicha*, por mais talento e qualidades que sejam necessários à fabricação de uma boa *salsicha*; e de fato o são. Há também que se levar em conta que *Feliz Ano Velho* foi lançado no período imediatamente posterior ao fracasso do Plano Cruzado, com a volta da inflação, da recessão e da diminuição da frequência de público nas salas de cinema, sem falar na decadência da Embrafilme e na forte campanha da mídia contra o cinema brasileiro.

Não preciso dizer que teve grande importância em minha vida. Sua realização representou para

A estréia de Feliz Ano Velho *foi concorrida...*

...e tumultuada

O empresário José Mindlin, co-produtor do filme, e sua esposa Guita, entre Cláudio Kahns e eu

mim o mesmo processo que ele retratava. Ao finalizá-lo, eu havia crescido, afirmado a minha capacidade e encerrado um ciclo. Agora seguiria sozinho, estava livre para viver minha própria vida, sem muitos dos medos que me prendiam. Já não estava tomado pelo sentimento de morte, mas pela vontade de viver, seguir adiante na estrada.

Foi com esse sentimento que conheci a mulher que me acompanha até hoje, Vera Luz. Nos apaixonamos e, em pouco tempo, estávamos morando juntos. Arquiteta de grande talento, é a primeira pessoa a quem mostro os meus trabalhos; sábia, intui os meus segredos, conhece as minhas fragilidades e os meus defeitos. Conquistamos ao longo do tempo uma relação sincera e verdadeiramente amorosa. Parecia que a Vera surgira para coroar aquele momento. Mas, na verdade, ela acompanhara *Feliz Ano Velho* desde a sua escritura.

Eu havia vencido a minha obsessão, a minha cobrança excessiva e sobretudo me exposto ao expressar com linguagem pessoal coisas que me eram importantes, para além do julgamento dos outros; tudo isso como parte de um processo de afirmar o meu caminho e mostrar a mim mesmo a energia que eu tinha para acreditar nele.

Vera e eu, durante a mixagem da música de Feliz Ano Velho, *1987*

Descobrira maravilhado a ficção. Vivera o imenso prazer de erguer ludicamente um mundo e dar vida a personagens que só existiam no papel – havia brincado de Deus.

Feliz Ano Velho é um filme barroco e envolve a alegria de lidar com a linguagem. Jamais perdi a dimensão lúdica que descobri ao trabalhar nessa produção. Devo muito dessa descoberta à minha convivência com César Charlone, apesar das nossas intensas discussões. Lembro-me da tristeza que senti ao término das filmagens – eu parecia um garoto em fim de férias com a volta às aulas no horizonte. Em meio à festa da equipe, pensava: *quando voltarei a fazer isso novamente?* Estava certo, infelizmente. Faz parte de nossa profissão...

Durante a escritura do roteiro de *Feliz Ano Velho*, aconteceu um fato muito triste e chocante – Hugo Gama morreu de um dia para outro, tinha 37 anos. Há pouco tempo, ele me convidara para acompanhar as gravações de um disco de Paulo Bellinati, interpretando as belíssimas composições de Garoto. Como Hugo conhecia minha forte ligação com o violão e sabia da minha admiração por Bellinati, me ligou dizendo que iria dedicar a gravação daquela noite a mim. Foi uma das últimas vezes, senão a derradeira, que o vi. Por nossa amizade e por tudo o que ele

Eu brincara de ser Deus

Eu com Hugo Gama, por volta de 1981, na viagem que fizemos com Cesar Charlone e Carla Schertel, de carro, até o Uruguai.

representou em minha formação profissional, dediquei *Feliz Ano Velho* a ele.

Enfrentamos muitos problemas financeiros para finalizar e lançar *Feliz Ano Velho*. Cláudio Kahns assumira outro projeto – uma coprodução internacional que lhe causou toda espécie de problemas. Raramente nos encontramos durante todo o período da montagem, pois ele estava fora do País; trabalhei um ano sem receber. Foi um tempo muito duro em que me mantive graças à Vera que, por sorte, estava com diversos trabalhos. Tal estado de coisas causou um atraso considerável no lançamento do filme que, depois de rodado, levou quase dois anos para entrar em cartaz. Esses problemas afetaram durante um bom tempo a minha relação com Cláudio Kahns. Tanto que, num ato falho, ao receber o troféu de Melhor Filme Popular no Festival de Gramado, prêmio dado ao Produtor, esqueci de chamá-lo ao palco. Ele ficou muito chateado, não sem certa razão.

Outro acontecimento, dessa vez ligado à política cinematográfica, iria também afetar a carreira de *Feliz Ano Velho*: dois meses antes do Festival de Gramado, o Congresso brasileiro iria prestar uma homenagem a Rubens Paiva, pai de Marcelo e deputado assassinado pela ditadura militar. Fomos consultados a respeito de exibir *Feliz Ano*

Velho neste evento, que contaria com a presença do então Ministro da Cultura, Celso Furtado, além da nova diretoria da Embrafilme, que pretendia apresentar o filme como um produto de sua gestão, embora nada houvesse feito por ele até aquele momento.

Capítulo IX

A Demolição

Estávamos entrando em um período desastroso para o cinema brasileiro, com o desmonte da Embrafilme, sem a formulação de qualquer outro projeto para dar continuidade à produção de filmes. Na década de 1980, órgãos importantes da imprensa desencadearam uma campanha violenta e raivosa contra o cinema feito aqui. Mesmo as boas produções recebiam críticas demolidoras, enquanto os artigos e editoriais só falavam em números e fracassos de bilheteria, além de escândalos de corrupção na Embrafilme, perante a qual praticamente todos os produtores estariam inadimplentes. Os artigos repetiam que os cineastas eram quase todos uns corruptos e que viviam *mamando nas tetas do governo*.

Alguns produtores e cineastas escreviam respostas fundamentadas a essas acusações absurdas, calcadas em dados reais, mostrando que a quantia que o governo aplicava no cinema era irrisória perante os subsídios dados a setores como a aviação, comunicações ou ainda à TV. O próprio papel utilizado na imprensa escrita era subsidiado, mas isso caía no vazio, não tinha a menor repercussão.

Era a ascensão do modelo *thatcherista* no mundo e aqui no Brasil; nenhum dos articulistas *cosmopolitas* achava importante falar de nosso mercado literalmente ocupado pelo produto americano e, portanto, da luta desigual entre o filme aqui produzido e o que vinha de fora, já pago pelo mercado internacional, das salas de cinema virando supermercados, templos evangélicos ou estacionamentos e da ausência de qualquer relação de cooperação entre o cinema e os canais de televisão, concessões do Estado.

Muitos cineastas importantes, que construíram suas carreiras graças à Embrafilme, assumiram o discurso da moda: o cinema brasileiro devia sobreviver das receitas obtidas no mercado; o Estado não tinha de gastar nenhum recurso a fundo perdido com a produção de filmes.

Infelizmente, na maior parte do tempo, nós cineastas estamos envolvidos em lutas autofágicas que em muito nos debilitam e retardam nossas conquistas. Durante muitos anos, essas divergências dificilmente compreendidas pelos leitores ocupavam mais as páginas dos jornais e revistas do que os nossos filmes, cada vez mais bem realizados e produzidos.

Numa tentativa de satisfazer à sanha da inquisidora *opinião pública*, Celso Furtado começou a nos tratar como marginais – éramos culpados até prova em contrário. Carlos Augusto Calil, diretor-geral da Embrafilme, e Eduardo Escorel, diretor de operações da estatal, haviam elaborado um novo modelo para a empresa, mas o ministro se negou a discuti-lo. É verdade que – apesar de sua capacidade de administrador, conhecimento e inteligência – Calil não foi um hábil negociador e, por várias vezes, se envolveu em polêmicas com a própria classe. Quando Furtado o demitiu, sintomaticamente, nenhuma voz de peso ou entidade se levantou para protestar.

Celso Furtado afastou da Embrafilme pessoas capazes e que de fato conheciam a atividade cinematográfica, colocando no lugar gente que nada tinha a ver com o *métier*. Basta dizer que o novo diretor era um livreiro de Curitiba.

Isso tudo me confundia e decepcionava, pois sempre tivera grande admiração por Celso Furtado, fruto da leitura de seus textos, entre eles o clássico *Formação Econômica do Brasil*.

A minha decepção aumentou quando tive a oportunidade de cumprimentá-lo juntamente com o pequeno grupo que viajou a Brasília para a homenagem a Rubens Paiva e a projeção de *Feliz Ano Velho*, que incluía Eunice e Marcelo Paiva, Marcos Breda, Malu Mader, Cláudio Kahns

27/04/1988 - O grupo que foi a Brasília para a sessão de Feliz Ano Velho *em homenagem a Rubens Paiva (esquerda para direita): Dora Sverner (agachada); Nalu Paiva; Eliana Paiva; Marcos Breda; Vera Luz; Malu Mader; Eva Wilma; Eunice Paiva; Marcelo Paiva; Roberto Gervitz; Cláudio Kahns; Suzana Villas Boas.*

e Suzana Villas-Boas, entre outros. Poucas horas antes da projeção do filme, em uma visita a seu gabinete, relatei ao ministro que a atriz Isabel Ribeiro, que fizera parte do elenco de *Feliz Ano Velho*, estava com câncer e enfrentava uma série de problemas financeiros para poder arcar com o tratamento. Perguntei a Celso Furtado se o Ministério da Cultura não poderia tomar alguma providência para viabilizar a assistência médica necessária à grande atriz, diante de uma doença de tal gravidade. Ele me respondeu de maneira ríspida e seca, como se eu lhe houvesse feito uma pergunta inoportuna: *Meu ministério não é o INPS. Procurem esse órgão e encaminhem o pedido devidamente*.

Horas mais tarde, depois das homenagens a Rubens Paiva e da projeção de *Feliz Ano Velho*, apresentado como um produto da nova gestão, fiz um discurso tocando na crise que o cinema brasileiro enfrentava naquele momento. Disse que esta poderia perfeitamente ser equacionada, sobretudo se fossem estimulados laços mais estreitos com a televisão. Se na Europa, o cinema sobreviveu graças à aliança estabelecida com esse meio, no Brasil, estas concessões que recebiam altos subsídios estatais se negavam a negociar (nos últimos anos, estamos assistindo a um processo interessante de aproximação, em-

Discursando no saguão do Congresso Nacional – água no chopp do ministro Furtado (o segundo, da direita para a esquerda) 27/04/1988.

bora ainda tímido e vagaroso). Esta era a questão que interessava a todos naquele momento.

Por se tratar de uma heresia naqueles tempos de euforia neoliberal, nem sequer me referi ao mercado tradicional, em que, após o *boom* dos anos 1970, o cinema brasileiro fora condenado a voltar para o gueto. Porém, afirmei que nossa atividade jamais foi encarada como estratégica pelo Estado brasileiro; tanto assim, que nada fora feito em relação à nossa presença na televisão. Isso bastou para que Celso Furtado e comitiva de novos gestores da Embrafilme se retirassem do local antes que eu terminasse meu discurso. Lembro-me da manchete do JB no dia seguinte: *Água no Chope* (da nova diretoria da Embrafilme e do Ministro Furtado).

Tal discurso causou problemas a mim e a Cláudio Kahns. Dias antes, ainda em São Paulo, eu quis ouvir a sua opinião a respeito. Cláudio manifestou certo receio, mas aceitou quando lhe disse que não podíamos ser usados por uma gestão com a qual não concordávamos. Consultei também outros cineastas que se mostraram favoráveis. Porém, não há como negar a minha ingenuidade política naquele ato. Ficamos sós; não houve uma única voz de apoio ao discurso montado em cima da agenda consensual do cinema. Delicado mas sem rodeios, embora falasse de questões herdadas e estruturais, foi considerado uma crítica à política cultural do governo e ao ministro.

Feliz Ano Velho foi posto de lado pela Embrafilme em programas de apoio ao mercado internacional e festivais no exterior. A cópia legendada não demorou a sumir em algum canto da Europa e jamais foi localizada. A Tatu Filmes, por sua vez, passou a sofrer perseguições na forma de uma fiscalização duríssima e exacerbada.

Capítulo X

Flores no Deserto

Após a posse do Governo Collor, Ipojuca Pontes assumiu como Secretário Nacional de Cultura com um discurso claramente ressentido perante o grupo de cineastas do Cinema Novo e acabou de demolir a Embrafilme. Ninguém lamentou o seu fim. Mas Collor, entre outras decisões bem mais importantes, estava decretando o fim do cinema brasileiro. Em um debate no Rio de Janeiro, Luiz Paulo Vellozo Lucas, então assessor do governo federal, disse sem rodeios a membros representativos e históricos da classe cinematográfica que, na nova ordem mundial, cabia a cada país produzir aquilo que sabia e podia fazer com excelência. Se o Brasil não tinha vocação e nem condição de fazer cinema, poderia perfeitamente adquirir esse produto no exterior. Essa era a lógica do comércio internacional. Saí em atônito estado de depressão com todos os que participaram dessa nefasta reunião. Num delírio digno de Woody Allen, me vieram imagens da queima de livros e da Noite dos Cristais da era nazista. Era essa a democracia pela qual tantos haviam lutado?

A consequência de tal política foi a total paralisação do cinema no País – um autêntico *tsunami* que varreu do mapa não só os mais fracos. Muita gente quebrou, outros nunca mais voltaram a filmar ou abandonaram a profissão, como Arnaldo Jabor que só agora retorna. Bons técnicos, diretores de talento, profissionais de ponta forjados ao longo de anos se viram diante do vazio. Laboratórios e estúdios de som onde haviam sido investidos capital, conhecimento e energia, fecharam as portas. O cinema virou um deserto de ruínas.

Isso marcou fundo a geração de cineastas que começara a surgir nos anos 1980. Levei quase 20 anos para voltar a fazer um filme de minha autoria, embora meu primeiro trabalho tivesse atingido cerca de 1 milhão de espectadores e obtido reconhecimento.

Tal reconhecimento se traduzira até em convite para um novo trabalho. No auge do lançamento de *Feliz Ano Velho*, ainda em 1988, fui procurado por dois importantes empresários da nova geração: Paulo Brito e Roberto Giannetti da Fonseca que começavam a investir na produção de filmes. Eles estavam produzindo *Kuarup*, de Ruy Guerra, baseado em *Quarup*, de Antonio Callado, que requereu operação complicadíssima, pois foi quase totalmente rodado no Parque do Xingu. De chofre, os dois me perguntaram se tinha algum projeto em mente. Eu não tinha, mas sabia da importância daquela oportunidade.

Vinda não sei por quais caminhos do inconsciente, surgiu a história de um homem que inventa e se submete a um jogo no metrô para encontrar a mulher de sua vida. Ele entra num vagão, escolhe uma mulher que o atraia e torce para que ela faça o mesmo trajeto que ele; se isso não ocorrer, deve deixá-la seguir sem qualquer tentativa de contato. De tanto desencontrar belas mulheres, um dia ele trai as rígidas regras que criou para si e uma inusitada história de amor nasce. Tratava-se de um conto de Julio Cortázar que eu lera há cerca de sete anos em meus exílios literários pelo parque do Ibirapuera, chamado *Manuscrito Encontrado em um Bolso*.

Fiquei tão agradavelmente surpreso quanto os empresários com a ideia apresentada. Porém, logo se transformou em preocupação. Era mesmo essa a história do conto? Queria de fato adaptá-lo? Por que meu inconsciente o havia buscado entre tantas coisas que lera e ideias que tivera para um próximo filme? Voltei a ler o conto, constatei que estava muito próximo do que narrara; se ele permanecera em mim por tanto tempo, por certo havia algo ali que me importava. Voltei a lê-lo algumas vezes.

A exemplo do que fizera após ler *Feliz Ano Velho*, escrevi algumas notas sobre o que me interessava no conto, buscando a minha leitura daquela pequena peça de onze páginas. *Manuscrito Encontrado em um Bolso* me marcou pela maneira como apresentava um jogo aparentemente livre e romântico, mas que no fundo se revelava desenganado; uma armadilha negadora da vida, uma idealização resultante do embate entre o desejo e a razão, escudo do medo. Me liguei de maneira muito profunda a esse projeto. Ainda em 1988, acertei com Brito e Giannetti que fecharíamos um contrato para a escritura do roteiro depois que uma opção de direitos fosse assinada com Carmen Balcells, catalã proprietária de poderosa agência literária com seu nome, situada em Barcelona.

No final de 1988, *Feliz Ano Velho* participou de uma mostra de filmes brasileiros em Sorrento, na Itália, onde fui entrevistado por uma jornalista da *Variety* que me acusava de não haver feito um filme brasileiro. Por certo, ela o comparava à cinematografia cinemanovista. Eu lhe disse que pertencia a uma nova geração de cineastas que havia crescido em São Paulo, uma grande metrópole do Brasil e da América Latina, e que nosso país já não era essencialmente rural, mas, pelo contrário, passara por um importante processo de modernização durante os vinte anos de ditadura. Ela se mostrou decepcionada, não só com o filme, mas, quem sabe, também com a modernização do País. A partir daí comecei a me questionar, inclusive em alguns textos, sobre o que o chamado *Primeiro Mundo* esperava de nosso cinema. Parece que não há lugar para o intimismo dos cineastas latino-americanos a não ser embrulhado em uma embalagem de crítica social, exotismo ou discurso político. De alguma forma, até hoje as coisas seguem assim.[40]

Segui com o filme para o Festival de Havana onde fui convidado a voltar dali a alguns meses para participar de um *Taller de Guiones* (Oficina de Roteiros) com Gabriel García Márquez. Gabo, como o chamavam, era um mito ambulante. Além de haver escrito *Cem Anos de Solidão* que o transformou no mais lido escritor latino-americano, recebera, poucos anos antes, o Nobel de Literatura.

Cheguei a Cuba no mesmo dia em que Gorbachev desembarcou na ilha. O país estava em polvorosa com os acontecimentos que apontavam para o fim de uma era e, consequentemente, para uma radical transformação nas relações entre Cuba e URSS.

---

[40] Esse assunto será abordado de forma mais completa nas páginas que dedico a *Jogo Subterrâneo*.

Segui para a *Escuela Internacional de Cine y TV*, em San Antonio de Los Baños, a 40 quilômetros de Havana. O grupo de participantes era formado por jovens cineastas e roteiristas de países de idioma latino, entre eles a brasileira Denise Bandeira[41] e o argentino Marcos Lopez, talentoso e hoje internacionalmente respeitado fotógrafo *still*. Nós três ficamos muito amigos ao longo dos 45 dias que durou o *taller* e seguimos assim até hoje.

A oficina consistia em que cada um de nós levasse uma ideia para um filme de 40 minutos. O objetivo era desenvolver as várias histórias que depois seriam produzidas pela TV espanhola. Tal exercício foi uma experiência bastante interessante, pois enfrentávamos desafios e impasses muito esclarecedores resolvidos conjuntamente. Era notável a capacidade que García Márquez tinha para encontrar soluções e sair dos becos sem saída em que nos metíamos. Seu papel mais importante foi despertar os participantes para as possibilidades e caminhos que uma história vai criando, à medida que ela se desenvolve. Assim, começamos a permitir que as próprias histórias conduzissem

---

[41] Atriz e roteirista de filmes como *Vai Trabalhar Vagabundo*, *Bar Esperança,*, ambos de Hugo Carvana, além de novelas e séries para TV.

Uma das sessões do taller, Denise Bandeira ao lado de Gabo, eu ao fundo, ao lado de Victoria Solanas (filha do cinesta).

e guiassem a nossa imaginação. Essa foi uma das grandes coisas que experimentei ali, pois, na época, queria controlar demais as histórias, fazer com que caminhassem para determinado ponto e, com isso, eu provocava o seu estancamento. Uma história que se quer viva não pode aceitar determinações rígidas, precisa respirar.

De vez em quando, nós parávamos na lanchonete da escola para tomar um café, e eu observava como Gabriel contava uma história ou qualquer fato, buscando o inusitado com grande senso de observação. Narrava com aparente simplicidade, mas estabelecia uma dinâmica saborosa e sedutora, construída para conquistar os ouvintes. Seu rosto exibia o prazer e o quase imperceptível orgulho que os ilusionistas demonstram ao final de mais um de seus truques.

Na época, eu estava lendo Edgar Allan Poe e levei para a oficina a ideia de uma história fantástica. Inspirava-me no universo desse escritor que tanto Borges quanto Cortázar reconheciam como referencial em seus próprios trabalhos. A minha intenção era fazer um exercício narrativo que se adequasse ao formato televisivo que havia sido proposto.

Antares, a Memória do Tempo partia de um personagem com cerca de 80 anos que estava saindo da prisão, onde passara boa parte de sua vida. Num velho bar próximo ao presídio, ele pede um conhaque e, ao ver sua imagem de velho acabado refletida no espelho, diz a si mesmo que daria tudo para voltar no tempo, recobrar a mocidade. Seu reflexo ganha vida e lhe responde: *Tudo bem, eu vou fazê-lo voltar a ser o mesmo jovem da época em que foi condenado; mas, mesmo com a consciência de um velho, você voltará a agir da mesma forma. Vai acabar de novo na prisão*.

Embora tenha sido um ótimo exercício narrativo, o projeto de desenvolver as nossas ideias acabou não evoluindo na TV espanhola. Não tenho a menor ideia do porquê.

García Márquez gostava de especular sobre como as histórias surgiam, por isso gravou toda a oficina que depois foi editada e publicada num livro chamado *Como Contar un Cuento*[42]. Sete anos mais tarde comprei-o em Bogotá, mas jamais o li.

Ao mesmo tempo que admiro os grandes livros e novelas que Gabriel García Márquez escreveu, tirante o filme colombiano chamado *Tiempo de*

---

[42] *Como Contar um Conto*; Editora Casa Jorge.

Morir[43] não aprecio nenhuma das adaptações cinematográficas de seus romances e contos. Penso que os universos criados pelo *realismo mágico* são muito literários e não se prestam ao cinema que acaba traduzindo-os em imagens de gosto duvidoso e narrativa dispersa. Parece que o cinema necessita ter pelo menos um dos pés bem fincado no realismo *sem magia*.

É curioso que Gabo diga que aquele universo onírico, fantástico, presente em sua obra, nada mais é do que a pura expressão da realidade latino-americana. Ele afirma que não inventa nada e que escreve exatamente como as coisas são ou aconteceram, tal qual faria um repórter. Entendo a inteligência e a sutil ironia dessa afirmação, mas penso que ela é mais um fino produto de sua literatura.

Durante o *taller de guiones,* conheci Ruy Guerra que, depois de uma temporada em Paris, onde havia editado e mixado *Kuarup*, estava passando por San Antonio de los Baños, pois pretendia trabalhar por uns dias com Gabo, antigo parceiro, em um novo projeto. Já ao final da oficina, García Márquez resolveu contar a todos

---

[43] Produção de 1985, dirigido por Jorge Ali Triana. Roteiro de Garcia Máquez.

A turma do taller de guiones, *posa com García Márquez. Na última fila, meus amigos Denise Bandeira (primeira da esquerda para a direita) e Marcos Lopez (o terceiro)*

a história que os dois estavam desenvolvendo. Acostumado a fazer as perguntas que devem ser feitas quando se analisa uma história, dentro do espírito franco que reinava na oficina, fiz algumas observações que apontavam para certas incoerências ou soluções forçadas, refutadas com surpreendente virulência, como se eu tivesse cometido uma insolência. Com isso, também prossegui em meu aprendizado sobre as relações humanas, particularmente no chamado *meio artístico*.

Todas as manhãs, Ruy Guerra e eu corríamos juntos ao redor do campo de futebol da escola. Certo dia, vencendo a minha reverência diante daquele que havia dirigido dois dos mais importantes filmes brasileiros – *Os Cafajestes* e *Os Fuzis* —, perguntei-lhe sobre o processo de roteirização de *Kuarup*, a partir de um livro denso e difícil de ser adaptado. Ruy me falou do roteiro sem lhe dar muita importância e acrescentou que todas as manhãs antes de ir para o *set* (ele dormia muito pouco), (re-) escrevia as cenas que iria rodar. Não tive a ousadia de expor meu ponto de vista a respeito e nem de perguntar qual seria o ganho com tal prática.

Finda a oficina de roteiros, antes de retornar ao Brasil, perguntei a García Márquez se ele poderia fazer alguma gestão junto a Carmen

Balcells, para que jogasse menos duro conosco em relação aos direitos do conto de Cortázar. García Márquez, que era a mais fértil *galinha dos ovos de ouro* da Agência Literária Carmen Balcells, de cujo catálogo constavam vários dos mais importantes escritores latino-americanos, me falou que ligaria para ela.

Assim que cheguei ao Brasil, soube que se havia chegado a um acordo para a assinatura do contrato de opção de direitos, válido por cinco anos e renovável mediante um novo pagamento. E, apesar do pedido de García Márquez a Carmen, os valores acordados ainda foram bastante salgados para a realidade do mercado cinematográfico brasileiro.

Capítulo XI

Começo do Jogo

Comecei a trabalhar naquela que foi a primeira das três versões[44] de *Jogo Subterrâneo*. Para isso chamei Leopoldo Serran, roteirista de *Dona Flor e seus Dois Maridos*[45], *Bye Bye Brasil* e *Tudo Bem*, entre muitos outros.

Eu havia reservado um apartamento para o Leopoldo em um apart-hotel sem luxos, mas bem localizado; ficava na Frei Caneca, próximo da avenida Paulista, a pedido do próprio Leopoldo (os cariocas adoram a Paulista). No mesmo dia em que ele chegou para a nossa primeira semana de trabalho, Raul Seixas, hospedado no mesmo apart-hotel em que o Leopoldo iria ficar, morreu. O local estava movimentado, cheio de jornalistas e curiosos, como era de se esperar. Naquela mesma noite, ao encontrar uma barata em seu banheiro, Leopoldo ligou para minha casa; queria encerrar o trabalho por ali mesmo. Ele era um sujeito ranzinza e mordaz; solteiro

---

44 Cada uma das versões (e não tratamentos) abordou o conto de forma absolutamente distinta das outras.

45 Dirigidos por Bruno Barreto; Carlos Diegues e Arnaldo Jabor, respectivamente.

convicto após o seu primeiro casamento, mas muito galante com as mulheres. Em pouco tempo, descobri em Leopoldo um amigo carinhoso e de grande coração, além de ser um profissional cioso de seu trabalho. Era também ótimo poeta, gostava das palavras. É considerado o primeiro grande roteirista brasileiro.

Em poucos dias, acabei encontrando um lugar melhor e mais próximo de minha casa onde trabalhamos por todo o resto de 1989. Nessa mesma época, a convite de Paulo Brito, visitei o *set* de *A Grande Arte*, baseado em livro homônimo de Rubem Fonseca, que Walter Salles Jr. dirigia no Rio de Janeiro. O filme era falado em inglês e tinha em seu elenco Tcheky Karyo, ator francês, e o americano Peter Coyote. O projeto era conquistar o ambicionado mercado internacional. O cinema brasileiro já havia vivido tal sonho (malogrado) anteriormente, notadamente com a Vera Cruz, mas *O Beijo da Mulher Aranha* foi visto como a prova de que era possível fazer filmes de *padrão internacional*, falados em inglês e visando prioritariamente o mercado externo.

Paulo Brito adquirira equipamentos cinematográficos de ponta e criara a Alpha Filmes. Seu entusiasmo era contagiante, um otimista por natureza, como todo bom empreendedor. Além de empresário de talento, Paulo é uma pessoa educada, criativa e formou uma adorável família com a qual tive o prazer de conviver por alguns anos.

No final de 1989, o roteiro que escrevi com Leopoldo, inspirado no conto de Cortázar, chegava a seu terceiro tratamento. Narrava a história de um renomado engenheiro, chamado a modernizar o metrô de Buenos Aires. Em seu primeiro dia na empresa, visitando os diversos departamentos, ele se detém na sala de achados e perdidos, tomada por inesperados objetos esquecidos nos vagões e estações do metrô. Lá ele encontra um pequeno caderno escrito à mão em que um homem narra o estranho jogo que inventou para encontrar a mulher de sua vida. Dias depois ele volta a esta mesma sala e leva o pequeno caderno consigo. Sua obsessão pelo relato do Jogador ganha cada vez mais intensidade a ponto de invadir o seu mundo, desestruturando sua vida e a de sua mulher com quem mantinha uma relação estável. O roteiro fazia o relato dessa desestruturação alternando-se entre a vida do engenheiro e o diário escrito pelo Jogador. Adiante, as duas narrativas se fundiam passando a ser uma só, na qual o real e o imaginado pelo engenheiro se confundiam a ponto deste último *descer* para fazer o jogo. Tal roteiro tinha grande presença de *offs*, alguns dos quais retirados do próprio conto de Cortázar.

O resultado foi uma construção de geometria rigorosa, porém fria em que a ausência de qualquer empatia e uma pretensão de excessiva sutileza traziam dificuldades para que se estabelecesse uma relação entre aquele inusitado jogo e seus reflexos na vida do engenheiro-leitor. Havia também o grave problema de que a linha narrativa deste último, era previsível e sem interesse, frente à do Jogador, nascida do próprio conto de Cortázar. Em poucas palavras, havíamos transformado uma inusitada história de amor em um teorema maçante e sem emoção.

Afora os elogios entusiásticos de Arnaldo Jabor, cineasta cujo talento sempre admirei, que nos deixaram bastante confiantes, ninguém mais se mostrou empolgado ou tocado pelo que leu, muito menos os produtores. As críticas, mesmo que respeitosas, deixavam Leopoldo Serran – conhecido por odiar o processo de reescritura – possesso. Eu também tentava defender o que havíamos produzido, mas ao mesmo tempo intuía que havia algo que não funcionava no que escrevêramos.

Capítulo XII

Final do Jogo?

As eleições de 1989 se encerraram com a vitória de Fernando Collor, figura que me provocava repulsa por seu comportamento e pelos setores retrógrados que representava. Vera, eu e muitos amigos fizemos boca de urna para Lula, cheguei a dirigir um *videoclip* para colaborar com a campanha – a mais entusiasmante e criativa feita pelo PT —, mas São Paulo, Estado de maior renda *per capita* do País, coração do *establishment*, decidiu a parada a favor de Collor.

Como saldo econômico do governo Sarney, estávamos batendo às portas da hiperinflação e muitos falavam do *efeito Orloff* (marca de *vodka*, cujo mote publicitário repetia *Eu sou você, amanhã*) que nos levaria a retroceder para uma economia de troca, como já ocorria na Argentina, onde o dinheiro virara poeira e pagava-se uma passagem de ônibus com uma caixa de fósforos.

Para compensar os tempos duros que se anunciavam, uma grande alegria – Vera estava grávida. Essa foi a única boa notícia daquele início de 1990. Poucos meses após tomar posse, Collor lança seu mirabolante plano anti-inflacionário e confisca as economias de todos os brasileiros. O Brasil parou, era impressionante andar pelas ruas de São Paulo, antes cenários de um movimento frenético e agora desertas, assim como os teatros, cinemas, restaurantes e tudo o que movimentava a roda da economia que já mergulhava na depressão como a maioria dos brasileiros. O desemprego atingia índices terríveis.

Em minha área, afora a intervenção e o fechamento da Embrafilme, a cujos trágicos efeitos já me referi, o setor das produtoras e agências de publicidade, que faturara fortunas nos anos 1980 e onde se tomava *champagne* como refresco durante as tardes, estava às traças – fazer propaganda de quê, se não havia dinheiro para o consumo?

É claro que o projeto de *Jogo Subterrâneo* entrou imediatamente em suspensão, sem data para ser retomado. Ao menos, no mesmo ano, fui selecionado pela Bolsas Vitae de Artes – prestigiada instituição que apoiava projetos nas diversas àreas da cultura – para escrever um roteiro que se chamaria *Clandestino*, uma história que eu queria desenvolver desde a época em que rodara *Feliz Ano Velho*.

No início da década de 1980, o Brasil passara por um grave momento recessivo, levando a que milhares de brasileiros de baixa renda abandonassem o País, rumo aos Estados Unidos. Entrando de forma ilegal e arriscada, trabalhavam como clandestinos, visando fazer o seu *pé-de-meia* e regressar ao Brasil assim que pudessem. Lá viviam sempre ao sabor dos ventos soprados pelos sucessivos governos norte-americanos que alternavam momentos de tolerância com outros de caçada impiedosa. Ao longo daquela década, esse movimento só fez crescer e, em pouco tempo, significativa soma de dólares passou a ser enviada ao Brasil, fruto da remessa desses novos imigrantes.

Por volta de 1986, li nos jornais que um navio com muitos brasileiros foi interceptado na baía da Filadélfia. Os clandestinos, que viajavam com a conivência da maioria da tripulação, à qual pagaram somas significativas, foram presos e deportados. Interessei-me por esse fato e comecei a pesquisar sobre o tema. Já com os recursos da Bolsa Vitae, fui para Governador Valadares, em Minas Gerais, situada no chamado *Vale da Miséria* e conhecida por ser o local onde esse fenômeno imigratório ocorria de forma mais expressiva. Em minha pesquisa constatei coisas como *americanismos* na linguagem, do tipo *vou parquear (estacionar) o meu carro*, e hábitos alienígenas incorporados ao dia a dia da população. Conversei com vários imigrantes que me contaram suas histórias. Em todos o mesmo desencanto e a mesma desesperança com o Brasil.

A partir desse material, desenvolvi um roteiro: Washington, rapaz com cerca de 17 anos e que mora com a mãe em Governador Valadares, decide ir para os Estados Unidos depois de receber dela um pacote com cartas e dólares enviados por seu pai a quem ele não conheceu, pois este partiu quando sua mãe ainda estava grávida. Pelas cartas, Washington fica sabendo que seu pai é chofer de caminhão nos Estados Unidos. Decidido a encontrá-lo, o rapaz deixa a cidade em direção ao Rio de Janeiro, onde não consegue um visto pelas vias legais. Sem desanimar, conhece marinheiros que lhe propõem um esquema clandestino e embarca escondido em um navio. Ao longo da viagem, Washington constrói a imagem de um pai próspero – mescla de chofer de possantes caminhões de *containers* e *cowboy*. A viagem é penosa e longa. Ao mesmo tempo, seu pai cruza os Estados Unidos para ir encontrá-lo no porto de Nova York. Morando na Califórnia, Da Silva viaja de carona no caminhão de Tony que fora seu melhor amigo. Durante a viagem, descobrimos que Tony é um brazuca bem-sucedido, ao contrário de Da Silva.

O navio em que Washington viaja é detido em uma grande operação no porto de Nova York;

O fenônemo da imigração clandestina crescia rapidamente (FSP 13/08/1988)

Terça-feira, 12 de março de 1991 — Págin

...sentados

• COM ISSO, QUEM FOR ASSISTIR à festa eleição de MISS VALADARES 91, dia 22 de março, não precisa se preocupar, pois ficará confortavelmente sentado.

• OS INGRESSOS JÁ ESTÃO SENDO vendidos por este colunista mais Sônia Leão e Teresa Perim, que fazem parte da Comissão.

Júlio Avelar

A bonita Cláudia Sarmento é candidata ao título de Miss Valadares. Desfila dia 22 na Sun City

Ponte Centro-Ibituruna

Casa da Amizade - Eleição hoje

• QUEM ANDA DE rosto novo é o rico empresário Jairo Lessa. Plástica, é claro • MISS VALADARES eleita dia 22 vai ganhar das lojas Mil – leia-se Milton Mariano – um aparelho de depilação. Iss sem contar o guarda-roupa e a jóia em ou e prata ••• O SIMPÁTICO CINEASTA Roberto Gerwitz – "Feliz Ano Velho" – est na cidade. Ele fez uma entrevista com o colunista, num depoimento para seu próximo filme, que trata dos valadarense que vão para os Estados Unidos. O papo durou quase duas ótimas horas. Agradeço prestígio da visita que ele nos fez ••• REGINA PATTO fazendo o maior sucess com sua pizza de pãozinho sírio ••• DIA DE ABRIL, acontece almoço beneficente Instituto Nosso Lar. Aliás, haverá um sorteio e o ganhador leva um Fiat Uno Mi zerinho. Temos ingressos para o almoço • ROCK IN AÇUCAREIRA só não teve ma gente devido ao preço caro do ingresso par o chamado "povão". Mesmo assim, corre tudo muito bem. Parabéns à Funsec. O ambiente foi familiar, sem brigas, e os shows, ótimos mesmo ••• PARA O CONCURSO MISS VALADARES 91 n haverá venda de ingressos na portaria d discoteca. Todos serão vendidos com antecedência. Informações outras na sala colunista, pelo fone 714888. O traje será esporte fino ••• COMEÇOU domingo, n Minas Campestre, torneio de futebol de salão. O troféu em disputa leva o nome des colunista ••• VOCÊ SÓ TEM esta seman

O cronista social do Diário do Rio Doce anotou minha passagem por Gov. Valadares (canto direito superior), março de 1991

quase todos os clandestinos são deportados, mas o rapaz consegue escapar escondido em um *container*. Ao ser resgatado graças aos contatos de Tony, o garoto o abraça acreditando ser ele o seu pai. Mas logo constata que foi enganado pela imagem que construíra e, decepcionado, descobre que seu pai é um *loser*, principalmente, depois que este lhe conta as dificuldades pelas quais passou após um primeiro período mais próspero. Com raiva por ver o seu sonho destruído, o rapaz acusa o pai de haver lhe mentido nas cartas que enviou. Ferido, Da Silva lhe atira todo o dinheiro que economizou ao longo dos anos de trabalho clandestino e diz ao filho que permaneça nos Estados Unidos; ele irá retornar ao Brasil.

Horas mais tarde, os dois jantam na casa de Tony. À mesa, este inicia uma virulenta discussão com sua mulher, uma americana. É então que esta revela que Tony traiu o amigo com quem havia cruzado a fronteira dezessete anos antes, denunciando Da Silva à polícia de imigração para ficar com o emprego na companhia de transportes em que trabalhavam. Da Silva deixa a casa de Tony e Washington vai atrás do pai. Caminham em silêncio em meio a forte nevasca e, depois, se abraçam longamente. Reencontramos os dois em um modesto caminhão na poluída marginal do rio Pinheiros, em São Paulo. Washington se despede de Da Silva e vai na direção da grande cidade. Até hoje gosto dessa história; quem sabe ela precise de um *aggiornamento* mas segue em pé.

O Brasil retomava a produção de filmes e eu me animava a retornar ao cinema. *Clandestino* me parecia tematicamente muito apropriado; foi quando Walter Salles lançou o belo *Central do Brasil*. Diante das inúmeras dificuldades que teria para viabilizar um projeto da dimensão de *Clandestino* naquele momento de fragilidade da economia cinematográfica, ponderei que, de certo modo, ambas as histórias tratavam da questão da paternidade/orfandade e concluí que meu filme de alguma forma já havia sido feito. Porém, hoje reconheço que são bastante diferentes como proposta e até mesmo no que diz respeito ao tema. Podemos encontrar mil razões para não fazer um filme; as dificuldades e os fatores que pesam contra um projeto podem ser reais, mas eles também existem nos filmes que decidimos realizar.

Minha filha Isabel nasceu em setembro de 1990. Eu estava em Buenos Aires tentando viabilizar *Jogo Subterrâneo* por meio de um acordo com uma cooperativa de técnicos da indústria de cinema argentino – luta quixotesca, para dizer o mínimo. Quando cheguei a São Paulo, por volta da hora do almoço, estranhei não encontrar Vera em casa. Ela havia ido para o consultório de sua obstetra, corri para lá e soube que o nenê enrolara o cordão umbilical e estava sufocando. O parto, previsto para dali a duas semanas, teria que ser feito naquela mesma noite. Acompanhei a cesariana, não sou capaz de descrever o que senti quando ouvi o primeiro som daquele nenê chorando. Fui tomado pelo maravilhamento de ter participado da criação de uma nova vida, fruto de minha matéria e da Vera. Não conheci emoção parecida.

Vera e Isabel : nez à nez.

Capítulo XIII

Filmando nas Matas do Senhor

Ainda em setembro de 1990, indicado por Lauro Escorel[46], fui chamado para dirigir a segunda unidade de *Brincando nos Campos do Senhor*, de Hector Babenco, e produzido por Saul Zaents[47].

O filme vinha sendo rodado desde março, e Babenco enfrentava graves problemas de saúde, além das grandes dificuldades inerentes a filmar na Amazônia, cujos deuses não são nada simpáticos com a nossa atividade. As filmagens se encontravam bem atrasadas e a produção estava pressionada pelo *Completion Bond*[48]. Assim, contando com Pedro Farkas[49] na direção de

---

[46] Diretor de fotografia de filmes como *São Bernardo*; *Bye Bye Brasil*; *Ironweed*,, entre muitos outros trabalhos.

[47] Saul Zaents produzira filmes como *Um Estranho no Ninho* e *Amadeus*, ambos de Milos Forman.

[48] Seguro que garante os interesses dos que investem em um filme; obrigatório em qualquer produção que envolva empresas americanas ou até mesmo europeias; presente em muitas produções brasileiras, de orçamento médio para cima.

[49] Diretor de Fotografia de filmes como *Inocência*, *A Ostra e o Vento*; *A Marvada Carne*, entre outros.

fotografia, eu fui chamado para dirigir as cenas que Babenco não teria tempo de filmar, mas que considerava imprescindíveis. Também dirigi grandes figurações para tomadas aéreas e rodei cenas com o elenco principal em que estavam John Lithgow, Kathy Bathes, Aidan Quinn, Daryl Hannah e Nelson Xavier, entre outros.

Há uma passagem engraçada que envolve a então Ms. Hannah. No dia em que viajei à locação, que ficava a duas horas de Belém, para encontrar-me com Babenco e falar sobre o trabalho para o qual eu havia sido chamado, fui informado por Bruno Wainer, então Diretor de Produção, que estava em curso uma cena sensual e romântica em que a atriz nadava nua em um igarapé amazônico diante de Tom Berenger, o protagonista. Para fazer tal cena, a atriz teria solicitado que só permanecessem os realmente necessários. E, de fato, o enorme *set* montado na mata com longos *butterflies* estendidos e atados às árvores mais altas pela equipe de Lauro, parecia deserto. Quando Daryl surgiu muito branca, alta e nua, ouvi um *frisson* em todos os arbustos e moitas à minha volta; era a equipe querendo checar em todos os detalhes a bela replicante de *Blade Runner*. Depois soube que ela nunca se importou com isso e os pruridos eram mesmo do diretor.

Causos à parte, o fato é que sabia da grande responsabilidade que tinha pela frente. Jamais um filme com orçamento de 36 milhões de dólares[50] fora rodado no Brasil.

No dia em que a produção deixou a locação do acampamento missionário, que distava cerca de três horas de Belém (em voadeiras), olhei pela janela do camarote do barco onde nos hospedávamos e vi três longas balsas lotadas de caminhões-baú (cerca de 50 por barco) pertencentes aos diversos departamentos. Isso sem contar o caminhão gerador, dois aviões cenográficos e um helicóptero, vindos dos Estados Unidos. Eram toneladas de equipamentos e mais de duas centenas de pessoas envolvidas.

Dediquei toda as minha energia para fazer jus à confiança em mim depositada e, a julgar pelo reconhecimento recebido na projeção dos copiões, Pedro e eu nos saímos bem. De todo material que rodamos, gosto muito das cenas que dirigi com os personagens infantis.

Permaneci dois meses filmando na Amazônia. Ao contrário da equipe principal em que o ambiente era tenso e o esgotamento por tantos meses

---

[50] Fonte IMDb.

A segunda unidade de Brincando nos Campos...; *ótimas lembranças do* inferno verde

de trabalho no *inferno verde* se fazia sentir, em nossa unidade gozávamos de um clima ameno e bem-humorado. Uma de nossas tarefas era fazer planos da paisagem ribeirinha para posteriormente serem utilizados na montagem; para isso nos deslocávamos por toda a bacia hidrográfica que circunda Belém. Mesmo com as grandes distâncias, nossos dias rendiam muito graças ao ótimo entendimento que Pedro e eu desenvolvemos no trabalho; tornamo-nos mais amigos do que éramos. Além de muito engraçado, o Pedro é sem dúvida um dos grandes fotógrafos que temos, criativo, rigoroso e um excelente companheiro. Vários de meus amigos são fotógrafos talentosos; espero ainda fazer filmes com todos eles.

Tenho orgulho de ter participado de *At Play in the Fields of the Lord*, filme que a meu ver foi muito injustiçado em seu lançamento. É fato que o roteiro não faz jus ao nome de Jean-Claude Carrière e que há certo desequilíbrio rítmico e de proporção entre suas partes, além de um ator limitado como protagonista. Porém, além da suas inúmeras qualidades cinematográficas, jamais vi uma reconstituição de povos indígenas como a que foi feita para este filme. Não há paralelo na história do cinema mundial. As imagens amazônicas e a presença da natureza são de tal grandiosidade e impacto que remetem aos filmes de David Lean.

Depto. de Câmera e Direção: Katia Coelho (2° assist. de câmera), Roberto Gervitz, Pedro Farkas; Dea Brito (catering); Katia Lund (assist. de direção) e Maritza Caneca (2° assist. de câmera).

Nas sessões em que eram projetados os copiões da unidade aérea (a mesma que fora responsável por *Apocalipse Now*) ficavam todos maravilhados. Há grandes interpretações como a de Kathy Bates e Aidan Quinn, além dos brasileiros Stênio Garcia, Nelson Xavier e José Dumont. Espero que o tempo faça justiça a este admirável trabalho.

Capítulo XIV

Heróis do Cotidiano

O ano de 1991 começou sem qualquer perspectiva para mim. Eu tinha certa *autonomia de voo*, mas não muita, e uma filha recém-nascida em casa. Não tenho os dados, mas creio que foi a mais violenta recessão que enfrentamos; o País estava estagnado. E aquilo afetava a todos animicamente; a moral estava *lá embaixo*.

Sergio Segall e eu começamos a escrever uma série de TV, com base no material que eu pesquisara para o roteiro de *Clandestino*, à qual intitulamos *Clandestinos*. Diferentemente do roteiro que eu escrevera, ela se detinha sobre a vida dos brasileiros que logravam entrar nos Estados Unidos ilegalmente. Mas o fato é que não havia espaço para a produção independente nas emissoras.

Foi quando uma produtora de vídeos institucionais chamada TV1 – de propriedade de Sergio Motta Melo, jornalista conhecido por ter sido correspondente do *Jornal Nacional* nos Estados Unidos, e de sua esposa, Selma Santa Cruz, também ex-correspondente nos States, mas da revista *Veja* – me chamou para discutir o projeto piloto para uma campanha institucional do

Banco Bamerindus que teria o mesmo nome de um programa em exibição na TV Bandeirantes: *Gente que Faz*.

Selma e Sergio, iniciantes na área de comunicações, foram os criadores da marca *Gente que Faz* e participaram da criação e da produção dessa primeira fase do programa que visava mudar a ideia de que todos os empresários seriam desonestos ou maus cidadãos. Tal programa durava 40 minutos, tinha formato bem jornalístico e Sergio Motta Mello era o seu *âncora*. Este primeiro *Gente que Faz* tinha um formato bastante diferente do que veio a ser conhecido nacionalmente e assistido por cerca de 40 milhões de brasileiros, todos os sábados antes do *Jornal Nacional* de 1992 a 1995.

Durante a produção dos programas dessa fase, Selma e Sergio apresentaram uma nova ideia a Sergio Reis[51], diretor de *marketing* do Banco Bamerindus. Ela consistia em ampliar o escopo do programa, mas com filmes de três minutos que enfocariam pequenos

---

51 Sérgio Reis esteve à frente, por mais de 20 anos, do *marketing* do Banco Bamerindus. Foi Secretário de Comunicação Institucional da Presidência da República no governo FHC, entre outras funções.

empreendedores anônimos, conceito logo ampliado para abordar personagens cuja luta transcendesse o conceito de *self-made man*. Tal ideia foi apresentada a Boni da TV Globo que encampou o projeto.

Chamado a desenvolver a linguagem desse novo programa, de cara me entusiasmei, pois senti o importante espaço que se abria para voltar as lentes para brasileiros desconhecidos que, no anonimato, longe dos holofotes, construíam de fato o País. Naquele período *collorido* de cinza, cabia separar o joio do trigo – um país não é o seu governo, mas o seu povo. Com uma economia engessada, quase morta, e uma sociedade frustrada com os (des)caminhos do primeiro governo eleito pelo voto direto, depois de quase 30 anos de ditadura, cabia mostrar que o ouro, a riqueza maior, estava nas pessoas.

Tendo entrado no cinema pelas portas do documentário e depois me aproximado da ficção, eu ponderei que até pela necessidade de se diferenciar da programação televisiva – *Gente que Faz* seria exibido entre o jornal local e o nacional – a série deveria ter um discurso visual muito diferente das imagens de reportagem, em geral cruas e mal fotografadas, mas ao mesmo tempo não poderia se confundir com os comerciais glamourizados. Estávamos todos de acordo que não cabia um âncora mediando a relação do personagem com o espectador, mas seria necessário um narrador em função do pouco tempo para contar a luta de cada personagem.

Durante o ano de 1991, dirigi nove filmes-piloto, desenvolvendo e descobrindo novas coisas a cada um, como o potencial dos personagens escolhidos, a melhor forma de realizar as entrevistas, o ritmo da edição, as soluções de direção, fotografia e edição que funcionavam e as que não; os equipamentos necessários e os técnicos que comporiam a equipe básica inicial.

Trouxe fotógrafos de cinema (entre os principais: Adrian Cooper, Carlos Ebert, Guy Gonçalves, Hugo Kovensky, Pedro Farkas e Guerrinha, entre outros) com os quais estava acostumado a trabalhar; melhoramos os equipamentos e demos bastante importância à imagem, estabelecendo um rigor e um cuidado formal, mas sem cair no maneirismo.

Após nove meses de trabalho, chegamos ao formato e à proposta visual que deu base a toda a série. Na prática, nasceu o conceito de *imagens-síntese* – que não seriam uma mera ilustração ou descrição, mas a expressão mesma, através de cenas evocativas e emocionais.

Teresa Santos – dona do Nosso Estúdio, responsável pelas trilhas e a edição de som – sugeriu a voz *suja* de Gianfrancesco Guarnieri, com grande acerto. Guarnieri tinha uma voz *quente*, de pessoa comum, sem o ascetismo gelado da narração convencional.

Eu tentara convencer Sergio Motta Mello a rodar todo o material, tirante as entrevistas, em 16 mm. Isso faria da TV1 proprietária de um dos mais completos bancos de imagens sobre o Brasil. Sergio argumentou que isso aumentaria em 20% os custos das filmagens, que já eram bastante altos – a equipe era composta por seis a sete pessoas; e viajava com cerca de 600 kg de equipamento. Assim rodamos tudo em vídeo Betacam-SP (analógico). Foi a minha primeira experiência com vídeo; até então não gostava dos trabalhos feitos neste suporte – a imagem era crua e chapada (sem profundidade); as cores eram artificiais e faltava definição. Graças à qualidade dos fotógrafos, ao uso adequado das lentes e dos enquadramentos, aliados à direção de arte, conseguimos chegar a um nível bastante satisfatório a ponto de algumas pessoas do próprio meio publicitário perguntarem se os filmes eram rodados em negativo. Mas é claro que havia uma considerável diferença.

Para mim, a série representava um estimulante desafio profissional, pois, além de dirigir, eu tinha de conceber a direção de arte dos filmes com poucos recursos e criar um discurso dramático e semificcional para contar a trajetória dos personagens de forma sintética e envolvente.

Gente que Faz era uma síntese de minha experiência anterior como documentarista e ficcionista. Era necessária a abertura, a improvisação e a relação com o *real*, fundamentais para o documentário, mas também a capacidade de pensar um filme narrativa e esteticamente, com seus nós dramáticos e sua história.

O importante e difícil trabalho de pesquisa de personagens era feito por uma equipe de jornalistas[52] que viajava por todo o País, com uma pequena câmera VHS. O material colhido era triado na TV1. Quem coordenava esse processo de escolha e também todo o projeto em sua linha editorial era Selma Santa Cruz.

O fato de ser ou não correntista do Banco Bamerindus não era sequer perguntado durante o processo de seleção dos personagens. Os

---

[52] Por ordem alfabética: Adriana Vera e Silva; Ana Paula Prado; Claudia Moraes; Cristiane Ballerini; Eliane Biondo; Heloisa Mesquita; Katia Mello; Rosa Maria Fonseca; Simone Dias; Stela Grisotti, entre outras.

quesitos básicos eram que a luta e o trabalho deles fossem significativos e exemplares; que eles pudessem verbalizar a sua experiência de forma clara e comprometida emocionalmente e que fossem dignos e empáticos (nada a ver com bonitos fisionomicamente). E por fim, que os personagens tivessem um passado transparente e honesto (mesmo se fossem ex-presidiários ou internos da Fundação CASA, antiga Febem, por exemplo).

Sobre as restrições, havia uma orientação do Bamerindus (provavelmente não explícita) para que não fossem escolhidos personagens homossexuais; refiro-me aos claramente homossexuais, obviamente. Segundo os produtores, tratava-se de uma decisão justificada pela necessidade de uma relação empática com a grande audiência do programa. Porém, penso que também se buscava dissociar a imagem do Bamerindus de um personagem que tivesse uma opção comportamental/sexual, não totalmente aceita pela sociedade brasileira. Eu achava que se o papel da série era o de valorizar a cidadania, trazê-la para o primeiro plano, tal discriminação não cabia.

A temática dos programas nascia da realidade de cada personagem, cada um com a sua história trazia um aspecto diferente de uma luta de superação comum a todos nós em variados graus – isso era o que dava emoção aos filmes. A abordagem era intimista, pessoal, e a estruturação narrativa também nascia da trajetória particular desses *heróis do cotidiano*. Essas trajetórias exemplares expressavam que, como seus protagonistas, todos podemos encarar os obstáculos que a vida nos coloca de maneira criativa e ao mesmo tempo generosa com a comunidade. Transcrevo abaixo o trecho de um texto escrito por mim para um debate, em 1994, portanto, já transcorridos dois anos de programa no ar:

A aproximação é quase sempre intimista e afetiva. Não há a mistificação do personagem e nesse sentido há uma certa exaltação e revelação da importância do cotidiano e das conquistas do dia a dia.

Em termos narrativos, trata-se, na maior parte das vezes, de reconstruir uma trajetória dramaticamente. Nesse sentido, os filmes se aproximam em determinados momentos da narrativa ficcional, sem incorporá-la totalmente.

Na mesma medida em que as imagens têm função narrativa, elas buscam também um conteúdo dramático – através da luz, dos enquadramentos, da escolha da locação e da direção de arte (objetos, roupas, cores). Dessa maneira, se está muito distante da estética jornalística em que o real é apresentado de forma crua, sem um olhar definido. No Gente que Faz, *quando se filma uma cena, se está buscando a emoção que ela deve evocar, o sentido que ela deve ter, sabendo-se de sua importância na trajetória do personagem e sua luta.*

Na medida em que constituem peças importantes da campanha institucional de um banco, os filmes têm compromissos com o conteúdo desta mesma campanha. Vale notar que eles não admitem ambiguidades, ideias complexas, nem se propõem a um trabalho analítico. A ideia básica é emocionar e mobilizar as pessoas através de histórias de pessoas como elas, reafirmando que a maior riqueza de nosso país está nas pessoas que o fazem, apesar dos obstáculos e das adversidades. São os heróis do cotidiano. *Nesse sentido, pode-se dizer que* Gente que Faz *é um panfleto destituído de proselitismo, inserido dentro da melhor tradição e do melhor sentido que esta palavra possa ter.*

Em relação a como os personagens deveriam ser dirigidos, me inspirei no trabalho de Robert Flaherty[53], grande documentarista norte-ame-

[53] Dirigiu clássicos como *Nanook, o Esquimó*; *Louisiana Story* e *O Homem de Aran*, entre outros.

ricano da primeira metade do século passado, que desenvolveu um trabalho, no qual os personagens atuavam a própria vida para a câmera, num híbrido de ficção e documentário.

Como os filmes de *Gente que Faz* narravam uma trajetória, os eventos do passado eram tratados por cenas que evocavam situações já vividas. Jamais era dito a um personagem como ele deveria se portar, mas sim qual era o sentido de tal e qual cena para que ele pudesse se relacionar com tal momento de sua própria vida, dando-lhe assim um significado. Uma das coisas que mais me surpreenderam foi como as pessoas adoravam esse exercício de atuação, como se divertiam e se emocionavam, descobriam e resgatavam sentimentos perdidos. Era também interessante perceber como cada um reagia ao fato de que seria um personagem da série. Pesava a sua personalidade, sua profissão, sua formação, seu jeito de ser, sua região. Havia pessoas que sequer viam televisão.

Eu chegava acompanhado de um produtor três dias antes das filmagens, entre outras coisas, para me aproximar, explicar e conversar com o personagem sobre tudo o que iria ser feito; eu também contava com as ideias que surgiriam daquele contato. O filme não começava se não houvesse a anuência e a cumplicidade do personagem, nada era *roubado*, ou seja, feito sem a sua consciência.

Claro que havia inibições e até incompreensões nascidas do desconhecimento da linguagem do cinema e da forma de fazê-lo. Mas, a partir do segundo dia de filmagem[54], em geral, estavam todos dentro do jogo. Muitos personagens ficavam bastante tristes quando o trabalho terminava e a equipe ia embora, pois acontecia uma mútua aproximação devido à nossa intensa convivência. Era claro que os personagens sentiam-se vivendo um momento muito especial durante esses dias nos quais uma equipe de filmagem se debruçava sobre suas vidas com todo interesse e respeito, reconhecendo a grande importância que, em sua maioria, eles de fato tinham.

As entrevistas duravam três horas, em média, e exploravam os principais temas, as diferentes fases daquelas vidas. Para isso, era necessário tocar em muitas questões pessoais e os depoimentos se aproximavam de verdadeiras sessões de análise. Estabelecia-se uma relação de confiança entre o diretor e o personagem, era olho no olho, quase todos da equipe saíam, só ficava o fotógrafo.

---

[54] Eram de três a quatro dias de filmagem, antecedidos por três de preparação.

A única foto que possuo do trabalho em Gente Que Faz. *José Tadeu Ribeiro, o fotógrafo deste filme rodado Santa Catarina, o primeiro à esquerda; atrás de mim, Amauri Camacho (operador de vídeo) e o último à direita, Pinheirão (maquinista).*

Por vezes, foi muito emocionante, um grande aprendizado sobre a vida, e sobre o homem e a mulher brasileiros.

A filmagem de *Gente que Faz* envolvia um trabalho delicado e sobre isso há dois casos que considero exemplares: o primeiro é o de um importante psiquiatra, professor da UFMG, deixado pela mãe em uma unidade da Febem no interior de Minas Gerais, quando ele tinha cerca de 5 anos. Esse doutor sentia enorme dificuldade de falar sobre o assunto, embora aceitasse fazer o programa e fosse consciente que esse tema seria chave, pois tinha relação com o sistema de creches que ele montou com as comunidades dos bairros pobres e favelas de Belo Horizonte. Ele orientava a preparação de adolescentes desses bairros para cuidar dos bebês dos moradores da comunidade. Dessa forma, entre outras coisas, os adolescentes se comprometiam com o próprio crescimento e sentiam-se integrados e necessários às suas comunidades; por sua vez, os adultos podiam ir trabalhar, deixando suas crianças em segurança.

Na entrevista, o doutor nos revelou fatos e sentimentos que jamais dividira com suas filhas e sua mulher e nós registramos sua primeira viagem até o lugar onde foi abandonado pela mãe e permaneceu até os 12 anos. Ao fim das gravações, ele havia se aliviado de um peso que carregara por toda a vida (era um homem de seus 55 anos). Durante muitos anos me enviou mensagens de final de ano e até hoje me manda notícias. Eu o havia acompanhado em uma batalha íntima e, em certos aspectos, penosa. Percebi com satisfação que ele nos sentiu a seu lado.

Outro tipo de reação acontecia quando o personagem não entendia a necessidade que tínhamos de mudar a forma de certas coisas que aconteciam em sua vida para que pudessem ser expressas em imagens. Um personagem admirável foi um dos médicos pioneiros a trabalhar com prevenção de *AIDS* junto às pessoas pobres, em Aracaju (e em todo o País). Ele havia começado como médico pediátrico em centros de saúde localizados em favelas.

Ao chegar ao centro de saúde onde iríamos filmar, vi que a sala eram quatro paredes brancas que poderiam tanto estar no centro de Aracaju como de São Paulo. Nós teríamos que recorrer à narração para revelar que aquilo acontecia na periferia. Num raciocínio comum para quem faz cinema, me ocorreu que ele poderia examinar as crianças na varanda do centro de saúde, com as casas miseráveis ao fundo e, dessa forma, em uma só imagem teríamos mais informação e significados. Se, num primeiro momento, ele reagiu por não entender exatamente o que me levava a adotar aquela solução, ao ver as imagens entendeu o que eu tentava lhe explicar. O *real* em cinema é uma construção; é o que o olho do cineasta vê; até mesmo em uma reportagem é fruto de um corte da *realidade*, um ponto de vista, mesmo que não seja consciente.

Depois do primeiro ano e meio de exibição, a série estava mais do que estabelecida, isto é, se comunicava com sucesso com milhões de espectadores. A partir de certo momento, comecei a querer experimentar novas coisas, mas o cliente e a produtora, com certa dose de razão, não queriam mexer num time que estava ganhando. A única *inovação* ocorrida foi o surgimento de *personagens coletivos* que renderam alguns ótimos filmes.

Em meu primeiro filme de *personagem coletivo*, ocorreu outro fato emblemático: um procedimento, estabelecido pela coordenação de produção, era o de que, antes que começássemos as filmagens, os produtores de campo deveriam colher as assinaturas dos personagens em um documento em que estes aceitavam participar do programa e cediam seus direitos de imagem. Sem tal autorização nada seria feito, pois o filme não poderia ser veiculado. Dessa vez o episódio iria relatar a experiência de pequenos proprietários do interior de Santa Catarina que haviam se organizado e criado uma cooperativa muito bem-sucedida. Eram trabalhadores que defendiam a reforma agrária e tinham ligação com o MST. Quando festejávamos o final das filmagens com todos (o que quase sempre ocorria), um deles se aproximou de mim e perguntou quando lhes enviaríamos as televisões. Surpreso, sem entender, eu lhe perguntei de que se tratava. Nessa hora fiquei sabendo que o grupo não havia assinado as autorizações, pois o produtor de campo havia esquecido de colhê-las.

Tal personagem afirmou que este último havia dito que o programa lhes presentearia com aparelhos de TV. Consultado, o profissional negou que houvesse feito tal promessa. Nos vimos em um grande impasse. A equipe foi embora para São Paulo, mas eu permaneci e participei de uma assembleia com a comunidade, durante a qual expliquei que, sem a autorização deles, o programa não iria ao ar. Acrescentei que, ao longo dos quatro anos que fizemos o programa, não havia um único precedente de pagamento feito a qualquer personagem a não ser os simbólicos 50 reais. Os pequenos produtores responderam que Andrade Vieira era um banqueiro e que umas poucas televisões não fariam diferença para ele. Eu ponderei que essa jamais havia sido a proposta (ficava claro que queriam um pagamento suplementar) e que o programa acabaria não sendo exibido.

Acrescentei que era verdade que o Bamerindus os usava para associar a sua imagem ao belo trabalho que estavam realizando, mas era igualmente verdadeiro que eles poderiam utilizar aquele importante espaço na mídia, comprado pelo Bamerindus, para veicular a bandeira de aglutinar os pequenos produtores em cooperativas, o que terminaria por fortalecê-los em sua organização. Depois de refletir, eles aceitaram a troca. Como importante subproduto da campanha, muitos filmes legitimaram e impulsionaram trabalhos importantes como esse – alguns até seriamente ameaçados – nos mais diferentes lugares do País.

Embora tenham sido feitos ótimos trabalhos até o final da série, eu e alguns dos que participavam do projeto desde o início sentimos um progressivo engessamento do formato. A partir de certo momento, entramos num ritmo mais industrial, o que tornou necessária a incorporação de novos diretores e roteiristas que, a princípio, deveriam manter a linguagem de um programa já consagrado[55]. Um diretor era responsável pela pré-produção, pelas filmagens e pelo acompanhamento da edição de imagem e de som de seus trabalhos.

Os mais importantes diretores – pelo número de filmes dirigidos e pela ordem de chegada – foram: Sergio Segall, Ícaro Martins, Toni Venturi, Ricardo Dias e Eduardo Escorel. Eles produziram filmes notáveis e trouxeram contribuições para o programa de acordo com o seu estilo e experiência, ao lado dos já citados diretores de fotografia, sempre fundamentais colaboradores.

Mas no último período, por assim dizer, menos artesanal, certas soluções de estrutura e de texto começaram a se repetir. Porém o programa manteve sempre alta audiência e credibilidade impressionante para uma campanha de banco – instituição das mais odiadas pela população, por motivos óbvios. Eu credito a longa duração da série, principalmente, à riquíssima diversidade e à qualidade dos personagens que levavam o espectador, a cada filme, a diferentes universos e temas.

---

[55] No primeiro ano, trouxe Sergio Toledo Segall para o programa e com ele dividia os filmes, nos alternando entre edição e filmagens.

Ao chegar a qualquer lugar do Brasil, mesmo nos cantos mais remotos, éramos bem recebidos e até ajudados. Isso era a maior demonstração de que o que estávamos fazendo ecoava na população, mexia com sua autoestima, pois, ao se identificar com personagens como eles, eram estimulados em suas vidas.

Quando a série acabou, houve muitas cobranças pelo fato disso haver ocorrido. Em verdade, foi o Bamerindus que faliu. E por *Gente que Faz* ser uma campanha fortemente associada a essa marca, nenhum outro patrocinador a quis, embora o estilo foi e segue sendo uma referência importante na publicidade e na TV brasileiras.

Ao longo daqueles quatro anos, foram ao todo cerca de 150 filmes dos quais dirigi cerca de 80. É fato que ao final, todos os que faziam a série se sentiam esgotados e sem muito estímulo para prosseguir; seria necessária uma renovação, um novo desafio que envolvesse mexer no formato. Outra questão importante é que o povo brasileiro, antes desestimulado e com baixa autoestima, havia afastado um presidente corrupto e eleito Fernando Henrique Cardoso, que iniciava um novo momento na história do País, agora com uma economia estabilizada.

Embora a atmosfera de trabalho tenha alcançado momentos de muita tensão e incompreensão em função de minha relação conflituosa com Selma Santa Cruz, em que para além das idiossincrasias, uma visão jornalística se chocava com uma visão mais cinematográfica, *Gente que Faz* representou um divisor de águas em minha rapidez e fluidez para filmar, encontrar soluções como realizador, além de me permitir conhecer pessoas admiráveis por sua coragem, ousadia e simplicidade. Posso afirmar que também foi uma experiência marcante para a grande maioria dos profissionais que dela participaram.

Capítulo XV

A Pulsão do Novo

No início de 1994, Sergio decidiu se afastar do cinema e se dedicar a outra atividade. Dez anos antes, ele havia dirigido um excelente primeiro filme, *Vera*, selecionado para o Festival de Berlim, onde a estreante Ana Beatriz Nogueira recebeu o Urso de Prata. Graças às qualidades de *Vera*, Sergio foi convidado a escrever e dirigir o telefilme *A Guerra de um Homem Só*[56] coprodução anglo-americana (Channel Four, Skriba Films + TVS Films) com um elenco e tanto: Anthony Hopkins, Norma Aleandro, Fernanda Torres e Ruben Bládes, entre outros. Apesar disso, teve uma terrível experiência em meio ao fogo cruzado dos frágeis produtores independentes ingleses contra os *yuppies* que começavam a tomar conta do cinema americano e mundial em uma reação ao cinema praticado nos anos 1970. Eram essencialmente homens de negócio e pouco ou nada conheciam de cinema[57]. Não sem razão, Sergio

---

[56] *One's Man War.*

[57] A esse respeito vale a leitura do livro *Final Cut : Art, Money, and Ego in the Making of Heaven's Gate, the Film That Sank United Artists*, de Steven Bach.

via com muito desânimo a nossa perspectiva de dirigir, em uma média otimista, um filme a cada cinco anos.

Ainda que chocado, compreendi perfeitamente as suas razões, mas não conseguia acreditar que ele fosse de fato levar uma decisão tão radical adiante. Pensava no entusiasmo com que havíamos começado, na qualidade dos trabalhos que ele fez e em seu grande talento que estavam sendo jogados fora de uma forma que eu sentia como uma amputação; talvez fosse o único jeito de mudar e ir adiante. Rapidamente e trabalhando muito, com a determinação que sempre foi sua marca, Sergio virou um competente empresário.

Há muito tempo não trabalhávamos juntos, mas funcionávamos como referência um para o outro, havia até mesmo certa competição que nos empurrava e nos levava adiante. Agora isso terminava definitivamente, ficaria um vazio. Fui muito impactado pela constatação de que nunca conhecemos totalmente as pessoas, mesmo aquelas que nos são mais próximas e queridas.

Há um bom tempo eu alimentava o desejo de retomar os meus projetos pessoais, notadamente *Jogo Subterrâneo*. Por volta de 1992, Paulo Brito me chamara em seu escritório; estava vendendo os equipamentos cinematográficos nos quais havia investido visando a uma incursão progressiva na produção de filmes. Em função dos resultados econômicos aquém do esperado dos dois filmes[58] que produzira – é bom lembrar que à época não havia os incentivos fiscais que temos hoje – ele estava se retirando por tempo indeterminado desse ramo de atividade. Assim, me cedeu os direitos do roteiro de *Jogo Subterrâneo*, escrito com Leopoldo Serran. De acordo com o contrato assinado na Espanha, eu ainda gozava de um certo prazo para fazer o filme. Mas como levantar recursos em um cenário econômico desanimador?

Nesse período inicial dos anos 1990, quase nenhum cineasta havia produzido. Destacavam-se as poucas iniciativas corajosas como a de Guilherme de Almeida Prado, com *Perfume de Gardênia*; de José Joffily, com *A Maldição do Sampaku*; de Cacá Diegues, com *Veja esta Canção*; e de André Klotzel, com *Capitalismo Selvagem*, entre outros. Tenho grande admiração por cineastas que jamais deixaram de viabilizar os seus filmes mesmo em situações adversas.

---

[58] *Kuarup*, de Ruy Guerra, e *A Grande Arte*, de Walter Salles Jr.

Com a saída de Collor, as leis de incentivo fiscal foram promulgadas graças à luta de abnegados, seja nas associações da classe cinematográfica, seja através de uma atuação pessoal. O Estado, por sua vez, voltava a reconhecer importância estratégica na existência de uma produção cinematográfica no Brasil.

Embora eu nunca tenha negado a relevância da atuação política dentro e fora das entidades de classe, reconheço que a minha foi e tem sido pouco significativa. De início achava essa mobilização algo fisiológica, rasa e, de fato, a luta nas entidades se reduz por momentos à luta pela *verba*, camuflada por discursos mais politizados. Com o tempo entendi que essa batalha não era necessariamente indigna, mas, ao contrário, foi responsável pela sobrevivência e avanço de um setor quase sempre tratado como estrangeiro em seu próprio país. Ao longo desses anos, conquistas importantes foram obtidas pelas associações corporativas, sem as quais o cinema brasileiro talvez não tivesse se reerguido de forma tão vigorosa como a que viemos a assistir nos anos seguintes.

Não tenho as qualidades necessárias para fazer política cinematográfica: paciência nas negociações, conhecimento e dedicação ao estudo da legislação e da dinâmica de funcionamento do mercado, intuição política, articulação com os colegas, entre outras características importantes, mas procuro colaborar e apoiar os que levam a luta adiante; sei que devo muito a todos eles. Foi graças a essa mobilização contínua que os primeiros filmes da chamada *Retomada* começaram a aparecer, entre 1994-1995.

Nessa mesma época, Sérgio Haddad, amigo que havia sido meu professor no Colégio Santa Cruz, me propõe um documentário para a *Ação Educativa*, respeitada ONG da qual era fundador e coordenador-geral. Ele me conta que na Noruega há um movimento de solidariedade de jovens secundaristas chamado *Operasjon Dagsverk* – algo como *Operação Jornada de Trabalho*, em português – que apoia projetos voltados para educação não formal em países do Hemisfério Sul.

Todos os anos, em determinado dia de outubro, milhares de jovens noruegueses deixam as escolas para trabalhar em lojas, postos de gasolina, butiques, livrarias, copiadoras, supermercados e outros estabelecimentos de todo o país, que são obrigados a lhes pagar algo em torno de US$ 50 (cinquenta dólares) pelo dia de trabalho. Juntos, os estudantes chegam a arrecadar cerca de US$ 4 milhões.

Esses jovens secundaristas, cuja organização é dirigida e administrada por eles mesmos, partem do princípio de que, sendo privilegiados por viverem no país mais rico do planeta, onde os problemas materiais praticamente inexistem, têm a obrigação de ser solidários com jovens de outras partes do mundo que não têm a mesma sorte.

O que chama atenção é como entendem a palavra *solidariedade*. Esta não significa simplesmente doar o seu excedente, dar uma esmola para o outro, mas sim conhecê-lo o melhor possível, num processo de troca e aprendizado mútuo. Por isso, na semana que antecede o dia da jornada de trabalho, é realizada a *Semana Internacional* em que são promovidos encontros nas escolas entre os jovens noruegueses e os do país do Hemisfério Sul eleito a cada ano. A escolha do Brasil fora feita um ano antes, através de votação em todas as escolas da Noruega. Logo que isso ocorreu, a diretoria presidida por Kare Dag, rapaz que na época tinha cerca de 17 anos, veio ao Brasil para conhecer o país e escolher as organizações de educação não formal que trabalhavam com jovens e que seriam apoiadas.

Antes de retornar à Noruega, Kare Dag e seus companheiros comentaram: *Nós tínhamos uma imagem do Brasil de muita pobreza, mas esta-*

mos vendo que também há muita riqueza por aqui. Há jovens nas grandes cidades que têm um padrão exatamente igual ou até superior ao de muitos noruegueses. Intrigados, eles se perguntavam se, por viver em um país mais pobre e com a miséria muito mais próxima e presente, os brasileiros não deveriam ser mais solidários. Com o pensamento generoso da juventude, sugeriram: *Por que vocês não fazem um documentário para mostrar aos jovens brasileiros o trabalho que fazemos por lá? Quem sabe não começam a surgir trabalhos parecidos por aqui?*

Assim, a moçada do *Operasjon Dagsverk* decidiu destinar uma pequena quantia para a realização de tal trabalho. A ideia seria acompanhar a viagem dos jovens brasileiros, pertencentes às ONGs escolhidas, durante a Semana Internacional, na qual dariam aulas que iam da dança à gastronomia, além de debater seus problemas com os jovens noruegueses.

De nossa parte, foi um trabalho feito de forma voluntária. Montei uma estrutura de produção ainda mais precária do que nos tempos de *Braços Cruzados, Máquinas Paradas*: viajei para a Noruega somente acompanhado por Carlos Ebert, com quem havia feito muitos filmes para *Gente que Faz* e que foi um grande companheiro nessa empreitada. Eu faria o som direto e o ajudaria

Oslo, outubro de 1995: Carlos Ebert de olho na câmera e eu no pequeno monitor - equipe de dois

com o equipamento básico de iluminação que ele montara e acondicionara engenhosamente. Uma estudante norueguesa, capoeirista, de cabelo muito loiro, que falava o português com sotaque de Portugal, foi a nossa motorista e guia.

Embora após os primeiros testes tenhamos alertado Sergio Haddad de que a câmera Ikegami, que pertencia à Ação Educativa, estava velha e superada, assim que chegamos à longínqua Oslo, esta quebrou, com a agravante de que lá não havia câmeras NTSC (nosso sistema de gravação) para locação. A solução foi gravar tudo em PAL, o que prejudicou consideravelmente a imagem do produto final – um curta de 15 minutos – que perdeu muita qualidade no processo de transcodificação. Uma pena. Às vezes, com o desejo de facilitar as coisas e viabilizar um projeto, fazemos concessões que não devem ser feitas.

Apesar disso, *Um Norte para o Sul* é um trabalho de que gosto muito por seu tom afetivo e ao mesmo tempo político. A solidariedade, seu significado mais profundo, é o tema central. Considero-o muito importante num mundo onde as pessoas são cada vez mais individualistas e não há mais sonhos coletivos. A vibração, a emoção e a inteligência daqueles jovens com quem convivemos por quinze dias, em meio à dança, ao canto, à pintura, às festas e ao trabalho de rua, impregnaram o filme. Tal convivência foi um sopro de ânimo para mim, que estava numa fase complicada da vida profissional e pessoal, longe de meus projetos e tomado por um sentimento de melancolia. Uma das frases de que mais gosto no filme, dita por Kare Dag é: *Não acredito nos mais velhos. As mudanças verdadeiras só poderão vir da juventude*.

A narração foi feita por um jovem ator da idade dos personagens retratados, Fabiano Augusto; a trilha, composta por Luiz Henrique Xavier, é simples mas pontua e emociona. Contei com a edição de som de Miriam Biderman, amiga que também fez a mixagem, e quem montou a imagem foi Maurício Cavalieri, editor e amigo também dos tempos de *Gente que Faz*.

Um Norte para o Sul foi e ainda é utilizado em escolas e universidades brasileiras. Chegou até mesmo a dar origem a um movimento chamado *Solidaria-Idade* que não sei por quais razões não foi adiante.

Certa vez recebi um telefonema de uma senhora do Maranhão que assistira ao filme na TV Cultura e vira a sua filha, há anos estudando na Noruega, ensinando lambada para a moçada norueguesa, aliás uma das melhores cenas do filme.

Assim, uma iniciativa *caseira* e despretensiosa acabou se tornando um pequeno filme que ocupou um espaço importante para pensar a solidariedade e o conhecimento do outro.

Entre 1996 e 1997, dirigi alguns comerciais e fui chamado por Selma Santa Cruz para um projeto intitulado *50 Anos de Brasil* – uma série de quatro programas a ser veiculada no canal a cabo GNT e patrocinada pelo BankBoston, que estava completando 50 anos no País. Era um projeto ambicioso e havia cacife econômico para isso. A linha editorial seria de responsabilidade da própria Selma e do jornalista Augusto Nunes, na época, vice-presidente de comunicação do BankBoston. Nunes também seria o âncora do programa.

Fiquei animado, pois teria a oportunidade de entrevistar personagens-chave, ou ao menos muito significativos, de diversas áreas e momentos da história da última metade do século XX em nosso país. Ao mesmo tempo, teria à disposição um extenso material visual que ia de registros documentais à ficção cinematográfica e televisiva, além de incluir a publicidade, a arquitetura, a música, o teatro e as artes plásticas. Imediatamente me entreguei a uma série de leituras que não só alimentariam o meu trabalho, mas também me colocariam novamente em contato com a reflexão sobre a história brasileira recente.

Tive a oportunidade de entrevistar pessoas como Orlando Villas-Boas, Oscar Niemeyer, o general Newton Cruz, Carlos Eugenio Paz, ex-comandante da ALN; a ex-vedete Virginia Lane, namorada de Getúlio Vargas; Fernando Gabeira, Erasmo Dias, Hildegard Angel, filha de Zuzu, Gilberto Gil, o Almirante Bierrenbach, Lula, Arnaldo Jabor, Otávio Costa, que entre outras coisas redigiu o discurso de posse do General Médici e criou os *slogans* que marcaram a ditadura; Boris Fausto, Delfim Neto e Jarbas Passarinho, entre tantos outros. Para dar unidade e agilizar as gravações, feitas nos mais distintos ambientes, Guy Gonçalves, com quem havia trabalhado em *Gente que Faz*, e eu decidimos gravar todas as entrevistas em fundo preto.

Foram entrevistas extensas, algumas chegaram a cinco horas, e o material colhido foi muito rico. Porém, discordei da forma como foi editado – pinçando-se frases curtas dos entrevistados para que estas servissem ao discurso editorial. Por mais que sempre haja uma manipulação do material documental na edição, achei-a excessiva. Foram muitos desentendimentos em relação a isso e à edição das imagens também muito *clipada*, causando-me grande frustração, pois sabia que se estava desperdiçando a chance de produzir um ótimo documentário para fazer mais

Aquecendo os motores para a entrevista com o então presidente Fernando Henrique Cardoso

Entrevistando Orlando Villas Boas – um personagem fascinante

Coronel Erasmo Dias – personagem da ditadura em tempos de democracia...

um programa televisivo convencional, similar a tantos outros. Pelo mesmo motivo, discordava da presença de um âncora; nada contra Augusto Nunes que se saiu bem nessa função, mas era uma questão de linguagem. Foram nove meses de muito trabalho e, infelizmente, pelos motivos já apontados, não gostei do resultado.

Durante esse trabalho, fiz uma longa entrevista com Hildegard Angel sobre a trágica história de seu irmão, Stuart – morto depois de ser barbaramente torturado nas dependências da Aeronáutica – e de sua mãe, a estilista Zuzu Angel, assassinada anos após longa batalha para reaver o corpo do filho. Durante a entrevista, Hildegard tocou de forma natural nos efeitos que esses acontecimentos tiveram sobre si e sua irmã e deixou aflorar a mágoa por ter sido cobrada em função de uma atitude supostamente fútil e egoísta por seguir trabalhando em colunismo social, jornalismo que se dedicava a dar notas sobre as festas e fofocas daqueles coniventes com o regime militar e que haviam isolado sua mãe ao final da vida. Hildegard, que estava receosa de como seria feita a entrevista, me agradeceu pela forma como a havia conduzido. Passadas duas semanas, eu estava filmando no interior de Santa Catarina e ela me ligou; perguntou se eu não gostaria de fazer um filme sobre sua mãe.

Poucos dias depois, já estava trabalhando no projeto. Planejamos fazer primeiro um documentário que nos serviria de pesquisa para depois passar à ficção. Para esse primeiro trabalho, convidei Rita Buzzar[59], amiga, produtora, roteirista e escritora, para que o fizéssemos juntos e posteriormente escrevêssemos o roteiro para a ficção. Fiquei cerca de dois anos envolvido com o projeto Zuzu Angel, que já havia passado pelas mãos de Walter Salles, mas que encontrou resistências de Hildegard ao roteiro que ele desenvolvera com Jorge Durán. Depois de um tempo, comecei a sentir que não havia da parte de Hildegard uma real definição sobre querer ou não realizar tal filme, que ela encarava como uma dívida com a sua mãe e o seu irmão. Posso dizer que, depois de permanecer longo período lutando e trabalhando por esse projeto, achei que o filme não aconteceria enquanto Hildegard não resolvesse os seus receios e fantasmas e o assumisse para valer. Isso estava fora da minha alçada. Suspeito que ela alimentasse o sonho legítimo de que o filme de ficção viesse a ser produzido por Hollywood. Assim, vi esse

[59] Produtora e roteirista de *Olga* e *Budapeste*, entre outros trabalhos.

projeto se desfazer sem um motivo expresso e sem qualquer formalidade.[60]

Em 1997, viajei para Venezuela e Colômbia, fazendo filmes turísticos para a Varig. Aqueles que passam para os passageiros antes da chegada e exibem lugares para se visitar como museus, parques, bairros, restaurantes, etc., além de dar as primeiras orientações com relação aos trâmites no aeroporto para a entrada no país. Trabalho corrido, mas divertido, que me permitiu conhecer, ainda que superficialmente, países pelos quais tinha bastante curiosidade. Gosto mais de conhecer os lugares quando vou a trabalho. Tenho a sensação de me aproximar mais da vida do dia a dia e da cultura do país pela necessidade prática de interagir.

Ao voltar, recebi a notícia de que o roteiro de *Jogo Subterrâneo* havia sido selecionado para o mercado de projetos latino-americanos do Festival de Mannheim, na Alemanha. Graças à insistência de Rita Buzzar, eu o havia inscrito meses antes. Afundado na luta pela sobrevivência, eu andara afastado do que acontecia no cinema brasileiro, agora em plena *retomada*. Por outro

---

60 Anos mais tarde, *Zuzu Angel* foi realizado por Sergio Rezende, com roteiro de Marcos Bernstein.

lado, estava seguro de que o roteiro escrito com Leopoldo Serran não era o filme que eu desejava fazer e sabia que o primeiro passo seria escrever uma nova versão inspirada no conto de Cortázar.

Ao chegar a Mannheim, me encontrei na desconfortável situação de estar defendendo um roteiro em que eu não mais acreditava. Não se viabiliza um filme em coprodução sem um bom roteiro na mão. No entanto, eu enfrentava a difícil tarefa de conseguir que um eventual coprodutor avançasse recursos para a reescritura e a renovação da opção de direitos de adaptação do conto, que havia vencido. Aproveitei a minha ida a Mannheim para esticar a viagem até Paris e falar com Aurora Bernárdez – ex-mulher de Cortázar e herdeira dos direitos de sua obra – ao mesmo tempo que visitei alguns possíveis coprodutores parisienses. Tais recursos investidos do próprio bolso do realizad or, e cuja soma não é pequena, jamais são incluídos no orçamento final de um filme; fazem parte da pré-história de um projeto.

Aurora Bernárdez me recebeu cordialmente. Senti uma estranha familiaridade naquele apartamento em que Cortázar havia escrito, entre outros, o clássico *O Jogo de Amarelinha*; saíra jovem da Argentina e recebeu, anos mais tarde, a cidadania francesa. Depois que presenteei

Bernárdez com alguns CDs de MPB e conversamos um pouco sobre música, lhe contei o que pretendia com minha adaptação para o cinema e pudemos trocar ideias a respeito de minha leitura do conto que ela em essência disse compartilhar. Ao final de minha visita, sem jeito, lhe expus a dificuldade para a renovação dos direitos de opção do conto e perguntei, de forma suave, se ela poderia interceder junto a Carmem Balcells, sua agente literária, para tornar viável este projeto que eu acalentava há oito anos. Depois de me dizer que não gostava de se meter nesses assuntos, Aurora se comprometeu a ver o que poderia fazer. Alguns meses depois, consegui a renovação da opção por mais cinco ano; naturalmente, pesou o fato de que não havia outros compradores disputando aquela história. Dessa forma, ficou acertado que, se alguém os procurasse, antes de lhe vender os direitos do conto, eles me consultariam, pois eu teria a preferência para adquiri-lo; obviamente cobrindo a proposta feita. Sou grato a Aurora Bernárdez, a Balcells e a Carina Pons, a responsável na agência pela obra de Cortázar.

Estando em Paris, também fui a algumas produtoras independentes importantes, nenhuma se interessou – seria provavelmente diferente se eu já tivesse recursos para a produção e um roteiro no qual acreditasse – porém uma delas me ofereceu a possibilidade de trabalhar alguns dias com um jovem roteirista; tal trabalho me ajudou a reaquecer os motores e a retornar ao núcleo emocional que me impulsionou desde o início.

Voltei ao Brasil disposto a mergulhar no trabalho. Procurei Paulo Brito e lhe propus que retomássemos o projeto conjuntamente. Ensaiamos alguns formatos de associação até que procurei Ramalho que, com seu senso prático e grande experiência de produtor, deu o impulso definitivo de que o projeto necessitava; juntos, relacionamos os passos a serem dados e elaboramos um cronograma ideal.

A seguir, apresentamos uma proposta a Paulo Brito. Ao contrário do que já havia ocorrido nos seus projetos anteriores, ele não aplicaria um único tostão de seu bolso. Apenas avançaria os recursos necessários para a escritura do roteiro, primeiro passo para alavancar o projeto. Posteriormente, nos ajudaria a levantar os recursos por meio das leis de renúncia fiscal e, antes mesmo da produção terminar, seria ressarcido de seus gastos iniciais. Paulo aceitou a proposta, sem o que nada teria acontecido.

Capítulo XVI

De Novo nos Trilhos

Eu pensava em rodar *Jogo Subterrâneo* em Buenos Aires, cidade à qual sempre fui ligado por ser filho de um portenho. Era fascinado sobretudo pelo metrô (o primeiro da América Latina, 1916), que ainda possui uma linha com trens cujo interior é de madeira e tem lustres de porcelana, além de suas estações todas pré-construídas pelos ingleses em estruturas de ferro que lembram a nossa Estação da Luz. Aquele ambiente de uma beleza fantasmagórica e algo decadente me parecia o ideal; era um universo suspenso no tempo que reverberava um personagem deslocado do mundo e da vida do dia a dia.

Assim, parti para Buenos Aires onde conheci Oscar Kramer, produtor argentino, relativamente novo no meio cinematográfico, mas já muito respeitado. Empresário, Kramer havia sido produtor associado de *La História Oficial*, de Luiz Puenzo, que recebeu o Oscar de Melhor Filme Estrangeiro, em 1986. Agora estava envolvido com *Kamchatka*, novo filme de Marcelo Piñeyro, depois do sucesso de *Plata Quemada*, também produzido por ele que foi ainda coprodutor de

Corazón Iluminado, de Hector Babenco, ocasião em que ficou muito amigo de Ramalho.

Eu pretendia desenvolver o novo roteiro de *Jogo Subterrâneo* em Buenos Aires, uma vez que filmaria lá. Com Leopoldo Serran, eu sentia por vezes a *barreira cultural* entre cariocas e paulistas. Jamais pensaria a história de *Jogo Subterrâneo* acontecendo no Rio de Janeiro. O conto, aliás, se passa em Paris; é uma história lunar; nada tem de tropical ou com lugares onde faz 40 graus à sombra. Acreditava que um roteirista argentino poderia me trazer a cor local e se relacionar melhor com o universo cortazariano. Cordial, Kramer me apresentou uma série de roteiristas argentinos aos quais havia enviado o roteiro para que comentassem e falassem por alto como viam o trabalho de reescritura – o que mudariam e como.

Entre eles, me chamou a atenção um jovem, Pablo Solarz, muito entusiasmado e criativo. Concordei com o caminho que havia proposto, que envolvia trabalhar de forma mais visceral a história de amor e intuí que poderíamos fazer um bom trabalho. Pablo, naquele momento, estava escrevendo para Carlos Sorín, se não me engano, o roteiro de *Historias Mínimas*. Depois de uma negociação que Ramalho definiu com uma das mais difíceis que já tivera (e ele já negociara com roteiristas como Jean-Claude Carrière), em setembro de 2000 parti para Buenos Aires a fim de iniciarmos o trabalho de roteirização.

Em três ou quatro dias, eu estava de volta. Solarz achou que teríamos apenas uma conversa inicial, finda a qual eu voltaria ao Brasil e ele se encarregaria de escrever o roteiro sozinho. Surpreso, afirmei que nunca lhe dissera isso. Discutimos pesadamente.

Lembro-me de caminhar possesso pelas ruas de Buenos Aires, já com a cabeça a mil por hora para solucionar aquele problema que adiaria novamente o início do trabalho. Depois de tanta luta, não aguentaria ver aquele projeto novamente paralisado. Ansioso, parei num telefone público e liguei para Jorge Durán, no Rio de Janeiro. Há algum tempo, eu havia pensado em procurá-lo, mas Jorge estava envolvido com outro roteiro.

Conhecia Durán há muitos anos, praticamente desde que eu começara a trabalhar em cinema. Ele havia feito o roteiro de *Lúcio Flavio, o Passageiro da Agonia*, além de assistência de direção para Hector Babenco neste mesmo filme e no anterior, *O Rei da Noite*. Fez ainda o roteiro de *Pixote* e escreveu *O Beijo da Mulher Aranha*. O próprio Babenco reconhece que Durán o

Jorge Durán – uma parceria ensaiada há muito

ensinou a decupar[61], entre tantas outras coisas. Jorge foi durante vários anos considerado o melhor assistente de direção do Brasil – cargo que envolve grande responsabilidade, pois muitos fatores que afetam o andamento das filmagens dependem de sua competência. Ele pode ser visto como ator no último plano de *Estado de Sítio*, de Costa Gavras, para quem também fez assistência de direção.

Durán estreara na direção em 1985 com o ótimo *A Cor de seu Destino*, que considerávamos *parente* de *Feliz Ano Velho* por sua temática ligada à questão do crescimento em um contexto de pouca liberdade e violência política.

Quando trabalhava como montador, me preocupava bastante com a minha pouca experiência nos *sets* de filmagem. Durante muitos anos tentei fazer uma segunda ou terceira assistência para o Jorge, mas nunca foi possível, provavelmente porque ele precisava de pessoas que lhe dessem mais retaguarda. Certa vez ele me ofereceu a possibilidade de acompanhá-lo nas

[61] A decupagem é o conjunto de planos – seus respectivos enquadramentos e movimentos de câmera – que um diretor utiliza para filmar uma cena. Ela está intimamente ligada com a *mise-en-scène* e define o estilo de um filme.

filmagens de *Quilombo*, de Cacá Diegues, mas a chuva era tanta que adiamos a minha ida por meses até que acabou não acontecendo.

Jorge atendeu ao telefone em sua casa no Rio, e disse que estava livre; animou-se quando lhe contei que se tratava de um projeto baseado em obra de Cortázar.

Mais tarde, contou-me que, quando tinha uns 27 anos e morava em Paris, havia ido várias vezes esperar por uma de suas saídas de casa na Place du Gen. Beuret. Jorge admirava Cortázar *irrestritamente* (*sic*). Jamais o encontrou.

Por volta de 1971, 1972, ele teve uma nova chance quando houve um congresso de escritores em Santiago do Chile para o qual Cortázar estava convidado. Um amigo de Durán – que fazia parte de uma tribo de poetas da cidade – ligou convidando-o para encontrar o escritor argentino que possivelmente viria à sua casa nessa mesma noite. *Eu decidi não perder meu tempo, achei que ele não apareceria*. No dia seguinte, o amigo ligou para contar a Jorge que, por volta de meia-noite, Cortázar chegou de táxi, entediado com o *blá-blá-blá* do congresso e decidiu arriscar. Amanheceu conversando e, certamente, admirando as garotas do grupo que eram muito bonitas, segundo Jorge. *Foi assim que nunca co-*

nheci o Cortázar. Pensando bem, eu nunca seria o personagem do conto, mas acho que sei por que o entendo. Dessa vez, até por superstição, não vou deixar passar essa oportunidade.

Depois de falar com Durán, me senti aliviado, intuí que tinha feito a coisa certa. Para comemorar, entrei no complexo de cinemas da Recoleta para ver um filme argentino que estava fazendo sucesso: *Nueve Reinas* (Nove Rainhas), primeiro de Fabiàn Bielinsky. Passei ótimos momentos vendo aquela comédia inteligente e popular, com ótimos atores e um roteiro que, sem ser óbvio, falava claramente da Argentina dos últimos 20 anos. O público do cinema se levantou para aplaudir o filme em plena sessão da tarde de um dia de semana. Nunca havia visto tal coisa.

Ao voltar para o Brasil, indiquei o filme para abrir uma Mostra de Cinema Argentino no Unibanco; Bielinsky veio para prestigiar o evento e encontrar os colegas brasileiros. Me lembro que, à saída do cinema, um amigo, cineasta paulista, me disse: *É engraçado, legalzinho... mas nada demais*... Algo irritado, eu lhe respondi que nem eu e nem ele seríamos capazes de escrever um roteiro daqueles. A pretensão combinada à ignorância é uma coisa que não tolero.

Até hoje, impera em certos meios cinematográficos do Brasil a ideia de que fazer um bom filme que obtenha boa bilheteria é algo fácil que não requer talento; uma concessão. Não há ideia mais errônea. Esse é um dos grandes desafios de nossa atividade.

Ao chegar ao apartamento de Durán, vizinho ao Jardim Botânico, a sensação é que eu havia voltado à Amazônia, tal era a umidade. Jorge foi direto ao assunto e com franqueza – uma das qualidades que mais admiro nele – apontou todos os problemas na estrutura dramática daquele roteiro, análise com a qual eu estava plenamente de acordo.

Eu lhe disse que queria me libertar da geometria estrutural do roteiro escrito com Leopoldo, e desenvolver uma nova versão em que houvesse lugar para a mesma emoção que senti quando li o conto de Cortázar pela primeira vez.

Em outubro de 2000, já estávamos trabalhando. Aluguei um bom apartamento na esquina da Al. Casa Branca com Oscar Freire, de uma amiga que passava uma temporada no Rio de Janeiro, no qual Durán ficaria hospedado e onde trabalharíamos todas as tardes, seis dias por semana.

Trabalhamos com intensidade, parando somente para a semana de Natal e Ano-Novo, até fevereiro de 2001. Eu estava muito ansioso devido ao longo tempo que aguardara para retomar o projeto. Embora estivesse com um ótimo profissional ao meu lado, sabia que eu deveria dar a linha a seguir, mas, no íntimo, estava inseguro, tinha muitas dúvidas; e elas nasciam principalmente de uma sensação de haver perdido o núcleo emocional que me havia empurrado a fazer o filme. Sentia uma espécie de embotamento, um quase pânico.

Hoje reconheço tal pânico sempre que estou para iniciar um trabalho ou às vezes até mesmo antes de uma simples palestra ou entrevista. Carrego dentro de mim o pior inimigo, mas creio que depois de muita luta aprendi a lidar melhor com ele.

Começamos com ideias livres e esparsas, sem uma busca de conexão. Eu sabia que queria fazer um filme na ordem direta, sem os *flashbacks* e a narrativa quebrada de *Feliz Ano Velho*. Queria também prescindir da *voz* off que havia usado em *Feliz...*

Dentre as muitas questões que Durán colocou, creio que foi esta a mais inquietante e que, por sinal, já me havia sido feita de outra forma por um importante produtor[62] em Paris: seria alguém capaz de acreditar em um personagem dedicado a fazer um jogo desses? Tal produtor, não sem a conhecida arrogância parisiense, afirmou que tal argumento só seria possível como comédia.

De minha parte, sempre vi como um dos grandes desafios do cinema a criação/construção de universos paralelos e verossimilhantes. Gosto dos filmes assim, que não estão preocupados em imitar ou reproduzir o *real*, mas que nos transportam a um mundo paralelo, regido por leis próprias e que aceitamos como verdadeiro.

Manuscrito Encontrado em um Bolso é o relato de um homem que inventa um jogo para encontrar a mulher de sua vida. Ele entra em um trem de metrô com um trajeto pré-determinado e, se no vagão localizar uma mulher que o atraia, deve torcer para que ela faça o mesmo caminho que ele, só assim poderá aproximar-se dela. As regras são duras, o sucesso é quase impossível. Tudo se complica quando o jogador acaba traindo as regras do jogo e se apaixona pela mulher que motivou tal traição.

O conto de Cortázar tinha uma série de desafios para ser adaptado. Seu título era quase uma cita-

---

62 Antoine de Clermont-Tonnere.

ção de Edgar Allan Poe (*Manuscrito Encontrado em Uma Garrafa*) que teve reconhecida influência sobre ele. Escrito na primeira pessoa, o conto é subjetivo; só conhecemos o que o personagem decide relatar. É, portanto, um homem sem nome, sem casa, sem emprego, sem cotidiano e que só existe enquanto joga um jogo que se passa exclusivamente em sua cabeça. As mulheres com as quais ele joga não são personagens, não agem e nem se dirigem a ele, são quase imagens. A única mulher que ultrapassa essa condição, mas não de todo, é Marie-Claude, que o leva a trair o jogo e por quem ele se apaixona.

Foi um trabalho árduo. As onze páginas do conto quase não tinham o que se costuma chamar de material cinematográfico. Não havia personagens e os conflitos eram abstratos. Era necessário dar concretude e visibilidade a um jogo que se passava na cabeça de Martín. Ao mesmo tempo, não se tratava de um conto intimista em que os conflitos psicológicos eram o foco. Embora nos entendêssemos muito bem, Jorge e eu tivemos discussões acirradas e duras, a ponto dele chegar a dizer que este era o pior conto que Cortázar escrevera.

Ao fim de quase cinco meses de trabalho, chegamos a um argumento com cerca de 90 páginas, com diálogos e situações bastante desenvolvidas;

já quase um roteiro. Mostrei-o a Ramalho e a Vera. Foi terrível. Ramalho foi inclemente; fez críticas de fundo, estruturais; Vera, numa leitura menos técnica, fez ressalvas à história e a certas soluções.

Jorge e eu, esgotados, sentimos raiva. Mais do que eu, Jorge sentiu-se desrespeitado. Talvez o jeito de nos dizer as coisas não tenha sido o melhor. Analisar um roteiro é algo muito delicado, mas, ao mesmo tempo, deve ser feito com franqueza. Pode ser muito duro, mas é a hora de falar tudo, pois ainda é possível corrigir quase que totalmente os rumos de um trabalho que por enquanto só está no papel. Eu ajo assim quando meus colegas me pedem para ler algo que produziram, não faço política; acredito que é isso o que esperam de mim.

Fui tomado pela angústia. Intuí que tínhamos *errado a mão* depois de um período intenso de trabalho e que tudo estava novamente em xeque. Cheguei ao Rio no início do Carnaval de 2001. Fiquei hospedado no apartamento de Beatriz Segall, lugar aprazível, com sala ampla e uma belíssima vista para o mar.

Fazia muito calor e, nem bem o Jorge chegou, fui direto ao assunto; eu estava de acordo com a maior parte das observações que Ramalho e

Vera fizeram; a nossa tentativa de descrever a gênese do jogo e justificar por que o personagem (Martín) o criara não só postergava a história que realmente interessava (a busca pela mulher através do jogo e a traição de suas regras), como era pouco convincente.

Havia certas coisas de que eu gostava; talvez a mais interessante tenha sido Aldo, um fotógrafo, antigo colega de escola, que Martín reencontra casualmente em uma estação do metrô. Físico respeitado, atravessando profunda crise pessoal, Martín passa a acompanhar Aldo em seu trabalho. O tema das fotos de Aldo é a miséria humana manifesta por indivíduos desesperados em meio a guerras, catástrofes e outras circunstâncias terríveis. Dessa vez, Aldo está explorando o universo do metrô. Fascinado pela beleza mórbida de algumas mulheres fotografadas por Aldo, Martín inventa o jogo, fruto da lógica à qual está habituado a pensar sua vida. Embora Martín jamais seja bem-sucedido, Aldo o estimula a seguir jogando. Mais tarde, Martín descobre que o objetivo oculto de Aldo é registrar o instante em que um trem de metrô se chocará com o corpo de um suicida; no caso ele. Porém, como o próprio Durán analisou, tratava-se de um argumento centrado na relação de dois homens, quase um filme de terror. Não era o que eu buscava.

Por outro lado, me parecia inicialmente interessante a ideia de fazer de Martín um físico, dedicado a demonstrar que dentro de milhões de anos o sistema solar continuaria estável e funcionando praticamente como nos dias atuais, pois, embora a órbita dos planetas possuísse uma tendência *caótica*, ou seja, de desagregação, existiria um determinismo responsável pela manutenção de todo o sistema solar em situação estável (teoria física de fato existente, denominada *Determinismo no Caos*, aqui explicada de forma muito simplificada e inexata). Essa tese de Martín que afirmava uma radical estabilidade seria a expressão da rigidez e do controle que buscava exercer sobre sua própria vida. Algo que iria se romper, atirando-o numa crise da qual nasceriam o jogo e o conflito com a imponderabilidade. Porém tal solução, além de tortuosa dramaticamente, revelava-se uma metáfora bastante cerebral e árida.

Embora defendesse e reafirmasse o trabalho que fizemos, Jorge sentiu que minha decisão estava tomada. A segunda versão de *Jogo Subterrâneo* estava indo para o lixo. Nos enchemos de *whisky* e saímos andando pelo calçadão vazio. Foi quando Jorge, *alto*, mas com muita propriedade, me disse: *Roberto, eu estou cansado; não vou conseguir emendar numa nova versão imediatamente.*

Você vai para São Paulo e decide que filme você quer fazer. Quando resolver, conte comigo.

No dia seguinte, acordei e tentei colocar algumas ideias no papel. Na Delfim Moreira, bem abaixo de minha janela, os blocos carnavalescos festejavam baixo um sol de rachar. Mas eu estava enlouquecido diante de meu computador. Me senti o personagem de *O Iluminado* em um espaço sem paredes, infinito.

Atordoado, liguei para Ramalho em São Paulo; conversamos e ele me tranquilizou, sugeriu que eu me desse um tempo e só retomasse o trabalho ao voltar a São Paulo. À noite fui ao cinema e vi *Amor à Flor da Pele*, de Won Kar-Wai. Saí tomado pelo filme, com a sensação de intuir a resposta aos impasses que atravessava. Em um estado de semi euforia, novamente conectado com o sentimento que estava na origem de meu projeto, caminhei alguns quilômetros, tomado por esse *insight* que o filme chinês me provocara. Como um paciente legista, dissequei os elementos que tanto gostara em *Amor à Flor da Pele* – a economia de diálogos, o intimismo não psicológico, personagens isolados do mundo que os cerca, a ausência de naturalismo, a repetição ritual, a emoção acima da razão, a não explicação, um filme de câmara, não uma sinfonia.

Voltei a São Paulo com o resgate de algo essencial. Me isolei, mas desta vez decidido, na busca do filme que eu queria fazer. Pela primeira vez me sentia tomado pelo roteiro, não era algo exterior – um trabalho ou uma tarefa. E o desenho começou a surgir. Tudo fluía mais, sem o árido esforço de outras ocasiões.

Nesse período, Ramalho foi um importante interlocutor a quem eu telefonava ou visitava quando precisava trocar ideias. Certo dia ele me sugeriu: *comece com ele jogando; não justifique nada*. Concordei de imediato; não era assim no conto? Não fora à toa que Cortázar tomara essa decisão ao escrevê-lo. Em minhas inúmeras leituras jamais quis saber das razões que levaram o personagem a jogar.

Eu havia lido recentemente um livro de Sidney Lumet chamado *Fazendo Filmes* e, para definir uma prática habitual no cinema americano de *psicologizar* as ações e comportamentos dos personagens, explicando-os como consequências de *traumas* ou fatos ocorridos no passado, Lumet criou a expressão *síndrome do patinho de borracha* que adoto até hoje – *ele é assim porque na infância lhe tiraram o patinho de borracha com que brincava feliz na banheira*... A partir dessas reflexões e escolhas, fui encontrando o filme que eu queria.

Ramalho um importante colaborador em todos os momentos

Quando Jorge voltou ao trabalho, escrevemos o primeiro tratamento da versão que viria a ser filmada, em dois ou três meses. Se alguma coisa sobrou da versão anterior, foram alguns nomes. Escrevemos uma escaleta bastante detalhada e dividimos as cenas que cada um iria desenvolver. Tal divisão foi feita na base da vontade que cada um tinha de escrever tal ou qual bloco. Depois de escritas, as cenas passariam pelo crivo do outro roteirista e a unidade viria de um novo polimento. Não tivemos problema.

Trabalhei com Jorge por mais três tratamentos, dos cinco que foram feitos. Nos dois restantes, escrevi sozinho, embora continuasse em contato constante com Durán. Contei ainda com a interlocução de Ramalho, que, além de Produtor Executivo, assina o roteiro como colaborador.

Assim, mantivemos a ideia de um homem sem passado, bem como a ausência de qualquer explicação psicológica ou de outra ordem para a existência do jogo. Mas Durán e eu construímos um personagem de carne e osso, com nome, profissão (ainda que provisória) e moradia (*idem*); para sintetizar, partimos da ideia do jogo e de sua traição, presentes no conto de Cortázar, para construir uma nova história com novos personagens, novas situações e um outro final.

Tratava-se de outra linguagem e, apesar da imensa admiração que tínhamos por Cortázar e sua obra, nunca o tratamos com reverência. Eu havia visto uma mostra de filmes argentinos, todos baseados em obras de Cortázar, e me chamou a atenção a solenidade com que as adaptações foram feitas – todas com quilômetros de voz *off* tiradas dos contos ou livros de que partiram. Imaginei que o próprio Cortázar, avesso a reverências, as odiaria.

Para sintetizar, as principais mudanças que o projeto atravessou desde a primeira versão de 1989 dizem respeito ao tom e ao universo do filme. Foi um longo processo de depuração durante o qual fui eliminando o que realmente queria evitar: a literatice, a solenidade, a alegoria, o intelectualismo e o psicologismo. Queria um discurso sobretudo emocional, econômico nos diálogos, transcendente, em que a expressão não repousasse sobre os diálogos, mas no conjunto cinematográfico narrado na ordem direta e sem *flashbacks* explicativos.

Assim, procurei ser fiel não só à radicalidade e à originalidade do conto, mas sobretudo ao que reverberou em mim: as armadilhas da idealização; os jogos que criamos para nos proteger da vida, buscando controlá-la, mas que terminam por jogar conosco.

Escrevemos a história de um homem que acaba sendo jogado pelo próprio jogo que inventou

Quando o roteiro ficou pronto, enviei-o a Leopoldo Serrán, pois, embora não houvesse sobrado nada de sua versão, quis saber como ele gostaria de assinar o trabalho que havia feito. Depois de ler, ele me disse que nosso abandono da *voz* off seria o fim daquele filme, cuja história só poderia ser contada de forma indireta. O caminho que Jorge e eu escolhêramos não tinha a menor verossimilhança, ninguém acreditaria naquilo. Por fim, pediu que eu omitisse o seu nome.

Levei o roteiro para Rodrigo Saturnino Braga, presidente da Columbia Tristar – Buena Vista do Brasil, que decidiu associar-se ao projeto. Anos antes, eu havia apresentado o roteiro que fizera com Leopoldo Serrán, mas esta mesma empresa não se interessara. Conheci Rodrigo ainda como executivo da Embrafilme, de onde saiu pouco antes de Collor desmantelar a empresa. Foi assim que as poderosas *majors* ganharam quadros de alto nível formados pelo Estado brasileiro.

Saturnino Braga, além de ser executivo de competência reconhecida, foi sempre uma pessoa afável, educada, amante do cinema e da música popular brasileira, além de um ótimo papo. Em sua sala, chamam a atenção um retrato de Tom Jobim e as taças de futebol conquistadas pelo time dos funcionários da empresa.

Contando com a participação da Buena Vista, além da Grapho, de Paulo Brito, Ramalho e eu fomos a Buenos Aires propor a Oscar Kramer que a OK Films fosse nossa sócia na Argentina. No entanto, nunca senti envolvimento efetivo de sua parte. Oscar não gostava da história, ela não lhe interessava, lhe parecia anacrônica. Também comecei a estabelecer contatos com a companhia do metrô de Buenos Aires e senti que as coisas não seriam fáceis por lá. Por fim avaliei que estava em um país muito combalido pelos sucessivos fracassos econômicos e isso se manifestava nas mínimas coisas. Sendo filho de um portenho e tendo uma memória afetiva de carinho com Buenos Aires e com os argentinos, na prática eu percebia uma dureza nas pessoas que me fazia duvidar se esta seria uma boa opção. Apesar da cordialidade, eu não estava de fato sendo acolhido naquele lugar.

Voltando ao Brasil, Lauro Escorel que recentemente fotografara *Coração Iluminado*, de Babenco, na capital argentina, me alertara que filmar no metrô de Buenos Aires era bastante complicado, principalmente nas linhas que me interessavam, antigas e muito escuras. Mesmo trabalhando com películas mais sensíveis, perderíamos importante parcela de tempo e agilidade iluminando-as. Mas, para mim, não era fácil abandonar o universo no qual eu havia imaginado a história por tanto tempo. Era algo que vinha da atmosfera do próprio conto de Cortázar que se passava em Paris; Buenos Aires era uma cidade de urbanização parecida, por sua beleza harmônica de construções neoclássicas, largas avenidas e parques, além de não ser uma cidade conhecida pelo cinema, ao contrário de Paris, já muito mostrada pelos filmes.

Ao longo de 2001 e 2002, seguimos no trabalho de reunir os recursos para viabilizar a produção. Nesse sentido a presença da Grapho, na pessoa de Paulo Guaspari, produtor delegado e bem-humorado cunhado de Paulo Brito, foi de fundamental importância.

No início de 2003, pesados *os prós e os contras*, batemos o martelo de realizar o filme em São Paulo. Além dos fatores já colocados, a instabilidade econômica que o país vizinho atravessava, aliada a nossos limites orçamentários, fez com que eu finalmente abandonasse minha ideia original. Muitos eram favoráveis a isso, notadamente Lauro Escorel e Ramalho.

Hoje, sinceramente, acho que o filme ganhou muito sendo rodado no metrô paulistano, com exteriores na cidade de São Paulo e no litoral catarinense. Creio que, rodando em Buenos

Paulo Guaspari – Produtor Delegado: sempre tranquilo, cordial e de bom humor

Aires, correríamos o risco de dar ao filme um classicismo indesejado ou ainda um clima retrô.

Com o tempo, percebi que o metrô *high-tech*, de linhas retas, ultrarracionalizado de São Paulo – um ambiente frio de metrópole moderna —, faria um contraponto mais poderoso à inusitada história de amor que eu pretendia contar. E a tensão nascida desse contraponto seria também expressão dos conflitos que se passavam no interior de Martín.

Tomada tal decisão, Ramalho e eu sabíamos que tínhamos pela frente um grande desafio de cuja superação dependeria a própria realização do filme. Marcamos uma reunião na Companhia do Metrô de São Paulo para apresentarmos o projeto. Não tínhamos a menor ideia de como o presidente da empresa, um engenheiro rigoroso, reagiria à ideia de ter uma equipe de cinema e muitos figurantes – por vezes cerca de 300 pessoas – filmando todas as noites, por mais de um mês, em estações e composições do metrô.

O metrô é um serviço público que serve a milhões de pessoas por dia e qualquer atraso, qualquer falha neste sistema de transporte, fatalmente provocariam sérios problemas em cadeia pela cidade. Por tal razão, em Paris e Nova York há estações desmobilizadas que são locadas (por

O metrô frio e high-tech é personagem em Jogo Subterrâneo

alto preço) exclusivamente para filmagens, além das cenas filmadas diretamente em estúdio. Portanto, sabíamos que o que estávamos solicitando tinha uma grande probabilidade de ser negado, ou ainda de vir a ter um custo inviável. Nosso mais forte argumento era o de que uma produção como *Jogo Subterrâneo* poderia dar visibilidade ao metrô de São Paulo – um dos mais modernos do mundo, considerado modelo – mas pouco conhecido até por grande parcela de paulistanos.

Para nossa surpresa, o Dr. Miguel Kozma não só aceitou a proposta, como associou a Companhia do Metrô ao projeto. A partir daí nos encami-
nhou a Flávia Cutolo – chefe do departamento de *marketing* que centralizou todas as nossas relações com a estatal. Flávia, por sua vez, nos colocou em contato com o departamento de operações que nos exigiu uma programação detalhada dos dias e das estações nas quais iríamos filmar.

Tal conquista foi devidamente comemorada. Se tivéssemos que pagar pela utilização do metrô estaríamos em péssimos lençóis. A adesão da companhia, somada às boas perspectivas de levantamento de recursos, nos levou a iniciar a preparação já em fevereiro de 2003.

Para a direção de arte, chamei Adrian Cooper, um inglês radicado no Brasil desde os anos 1970, quando saiu do Chile após a queda de Allende. Conheci Adrian poucos anos depois de sua chegada, quando ele e Lauro Escorel realizaram um importante documentário sobre o anarquismo chamado *Libertários*. Muitas vezes as sessões de *Braços Cruzados...* em cineclubes e associações de classe eram precedidas por esse documentário. Adrian também realizara outro belíssimo documentário com imagens muito fortes colhidas por ele, também excelente fotógrafo, e montadas somente com ruídos, intitulado *Chapeleiros* – registro do cotidiano da fábrica de Chapéus Cury, que mantinha a unidade produtiva e as relações de trabalho praticamente imutáveis desde o início do século XX.

Mas nossa real aproximação se deu ao longo dos quatro anos da série *Gente que Faz*, em que ele foi um dos fotógrafos principais. Viajamos juntos por todo o País, enfrentamos toda sorte de desafios e desenvolvemos uma afinidade pessoal, existencial e estética que dispensa as palavras. Sempre lhe falei de *Jogo Subterrâneo* e, agora que caminhava para sua realização, Adrian se tornou um irmão cuja presença eu considerava imprescindível. Gosto de sua profundidade, da maneira como se aproxima para realizar um trabalho, meticu-

Com Adrian Cooper no set de Jogo Subterrâneo: afinidade que dispensa palavras

losamente humana. Admiro a sabedoria que ele inspira, fruto de tudo que viveu e que incorpora a fragilidade e a dúvida, sem qualquer arrogância ou pretensão. Adrian não divide o trabalho entre intelectual e manual e a ele se entrega. É um admirável desenhista.

Encontrei-me com Lauro pela primeira vez no balcão da Líder Laboratórios, na rua 13 de Maio, quando eu fazia assistência de montagem em *Lúcio Flávio, o Passageiro da Agonia*, que ele fotografara. O copião[63] da película fora feito em preto e branco por ser mais barato e, agora que chegava a seu corte final, seriam copiados certos planos em cor. Lauro era um rapaz sério e calado, quase sisudo. Sua densa barba escondia seu rosto. Falamos pouco, quem sabe também devido à minha timidez diante daquele que já naquela época era considerado um dos fotógrafos mais importantes e talentosos do País.

Voltamos a nos ver pouco tempo depois já como cineastas de filmes ligados à realidade operária.

---

63 Cópia de trabalho necessária para a montagem do filme em moviola e para analisar o trabalho durante as filmagens. Hoje, com a montagem digital, o copião quase deixou de ser feito por razões de economia.

Ao longo dos anos, mantivemos contatos esporádicos, tanto que me surpreendi quando ele me indicou para dirigir a segunda unidade de *Brincando nos Campos do Senhor*. Creio que a partir daí, de fato nos aproximamos e sedimentamos a nossa amizade. Quando ele se mudou para Los Angeles nos anos Collor, nos escrevíamos de vez em quando.

Na sua volta em definitivo para São Paulo, estreitamos relações e fui lhe apresentando os sucessivos tratamentos de *Jogo Subterrâneo*. Além de admirar inúmeros trabalhos realizados por ele no passado, eu havia gostado muito de sua fotografia em *Coração Iluminado*. Começamos a discutir certas referências visuais que Lauro me trazia e fomos nos aproximando da proposta visual com a delicadeza que caracteriza o seu trabalho. Em *Jogo Subterrâneo*, eu queria apostar nessa delicadeza que tanto ele quanto Adrian traziam. Eu pensava acertadamente que a grande amizade que possuíam entre si também se refletiria em uma integração estética.

Portanto, fui montando a minha equipe com pessoas que, além de grandes profissionais, eram amigos em quem confiaria em qualquer situação; pessoas com quem podia falar de maneira franca sem ferir suscetibilidades e de quem esperava o mesmo tratamento. Com o mesmo

Depois de muito tempo, Lauro e eu pudemos trabalhar juntos

espírito, chamei Luiz Henrique Xavier, amigo de toda a vida, para fazer a música do filme.

Não foi necessário estabelecer grandes conceitos, houve uma integração de certa forma intuitiva entre todos nós, pois a maioria acompanhou os sucessivos tratamentos do roteiro. Eu sempre procurei me manter fiel ao núcleo original, ao impulso que me motivou, e esse universo foi ganhando concretude e sendo redescoberto passo a passo, até o último momento.

Por outro lado, ao nos fazermos a importante pergunta *de que personagem é o filme?*, a resposta é inegavelmente Martín. Portanto, estabelecemos que a câmera, a direção de arte e a música obedeceriam à sua subjetividade, à sua travessia. Assim, o tom do filme se impôs ao longo do trabalho com meus principais colaboradores. Sua forma nasceu organicamente, a partir do roteiro e também (quase nunca lembramos disso) dos limites que tínhamos de produção (como o tempo disponível de utilização no metrô). Não ocorreu nenhuma mudança significativa durante o processo de realização e o que foi incorporado ou eliminado foi quase sempre consensual; havia um caminho natural a seguir, um leito de rio bem desenhado para que as águas pudessem brincar.

A subjetividade de Martín (Felipe Camargo) seria o guia para todos os departamentos criativos do filme

Adrian Cooper e eu passamos a circular pelo metrô de São Paulo, descendo em todas as estações, caminhando por seus corredores e olhando as cercanias de cada uma delas, no levantamento das locações em que iríamos filmar. De posse de centenas de fotos, ele montou um difícil quebra-cabeças de doze estações – levando em conta fatores como a diversidade de passagens e corredores, características arquitetônicas e acessibilidade para a produção – que nos possibilitasse filmar todas as cenas de metrô previstas no roteiro.

Outro fator importante na escolha das estações foi a iluminação, pois, nas conversas com Lauro, definimos que filmaríamos com pouco equipamento, somente iluminando os primeiros planos. Escolhemos as estações nas quais pudéssemos tirar proveito dos contrastes e resolvemos assumir a luz esverdeada das estações, que foi impregnando o filme.

Jogo Subterrâneo é todo construído sob o ponto de vista de Martín, personagem de Felipe Camargo. Assim, a cidade do filme é aquela que está dentro dele, da mesma forma que o metrô é uma paisagem interior do personagem. Nesse contexto, o verde resultante daquela luz é a cor do jogo, de seu interior, de sua alma. Em consonância com esse conceito, Adrian deu ao

As estações com contrastes de luz foram as mais escolhidas – Laura (Julia Lemmertz) e Martín (Felipe Camargo)

quarto de Martín uma tonalidade esverdeada que remete à luz do metrô. Em contraponto, o vermelho surge com força quando Ana, a personagem de Maria Luisa Mendonça, entra em cena. Martín tem uma alma soturna que teme o desejo e o imponderável. O início do filme o mostra confinado dentro de si mesmo, para mais adiante ir ao encontro das cores quentes e da luz.

Um ano antes, eu havia visto um filme inspirador por sua câmera e pelo trabalho dos atores: *Intimidade*, de Patrice Chéreau. Eu queria que a câmera respirasse, tivesse a subjetividade de Martín, mesmo nos planos fixos. Tal decisão pela câmera na mão – aliada aos estreitos limites de tempo que disporíamos no metrô – nos levou à decisão de filmar em Super 16mm, equipamento leve e compacto. Creio que um dos maiores prazeres que este filme proporcionou ao Lauro foi voltar à câmera na mão, o que há muito não fazia. Em uma entrevista feita ainda durante as filmagens Lauro chegou a dizer *Estou reencontrando a leveza e a alegria de filmar*, e acrescentou, *Estamos filmando como se estivéssemos fazendo um Super 8 de amor*.[64]

---

64 Artigo publicado no *site* da ABC, em 11 de setembro de 2003.

Lauro operando a Aatom-A-Mínima – um Super 8 de amor

Assim, além da Direção de Fotografia que deu grande personalidade ao filme, Lauro foi um excelente e inspirado operador de câmera.

Nos preparamos para as filmagens no metrô como que para uma guerra, nada podia sair errado. Foram seis semanas de noturnas durante as quais cada movimento que fazíamos tinha de ser literalmente cronometrado, uma vez que os trens deixam de funcionar às 24h40 e voltam ao serviço às 4h40. Tínhamos, portanto, os trens disponíveis para as filmagens por cerca de quatro horas – cada minuto valia ouro. O atraso em uma diária acarretaria a eliminação de uma cena do roteiro, pois o cronograma devia ser comunicado pelo menos com um mês de antecedência. Isto porque, a cada noite, a Companhia do Metrô tinha que mobilizar funcionários, composições, energizar trechos das linhas e estações do terceiro metrô mais denso do mundo. Para essa parte subterrânea do filme, fiz uma decupagem, desenhada plano a plano por Laurent Cardon, que nos foi de grande utilidade. Trata-se de todas as cenas e sequências que se referem ao jogo e que possuem pouquíssimos diálogos. Martín procedia a um ritual preciso e sem palavras que me remetia aos filmes de Robert Bresson, *Pickpocket* e *Um Condenado à Morte Escapou*.

A pressão era grande pois dispunhamos de pouco tempo, controlado rigorosamente pela assistente de direção Cecília Amado

Durante esse período das filmagens, escrevi uma carta de agradecimento à equipe, pois, apesar de todas os receios, os trabalhos transcorriam de forma impecável:

Para minha surpresa, tenho sentido que as noturnas nos ajudam na concentração, pois sabemos que lá fora, ou melhor, lá em cima, *a cidade dorme. Deem uma lida nas palavras do Sidney Lumet, um grande diretor americano (que fez* Um Dia de Cão *entre muitos outros filmes):*

Muitas semanas de filmagem à noite deixam todos exaustos, inclusive a equipe. Não se pode dormir realmente durante o dia, ou eu não posso. Mas há uma maravilhosa intensidade na filmagem noturna. Depois de onze horas, a vizinhança vai dormir. E, aqui no meio da escuridão, um grupo de pessoas está pintando com luz, *criando algo.*[65]

Sobre o *storyboard*, ouço vários diretores falarem com certo orgulho que o fizeram mas não o seguiram. Não entendo a origem de tal orgulho e me pergunto o que os leva a fazer o *storyboard* se não irão segui-lo?

[65] Sidney Lumet, em *Fazendo Filmes*.

O storyboard da cena em que a pequena Victoria surge no filme pela primeira vez

Mesmo sem *storyboard* gosto de chegar ao *set* com as cenas decupadas. Gosto do trabalho de pensar a imagem; acho que um filme é algo para ser visto. O tempo que se leva decupando no *set* pode ser dedicado ao trabalho com os atores, algo que considero prioritário.

Embora do ponto de vista de produção o metrô tenha representado um grande desafio, eu sempre tive claro que o mais importante eram as cenas intimistas nas quais os atores dariam vida aos personagens e à história que eu iria contar. Da mesma forma, eu tinha claro que *Jogo Subterrâneo* não era um filme em que a linguagem estaria em primeiro plano, mas sim a precisão narrativa, as nuances e a intensidade da interpretação.

Assim, a escolha e a preparação do elenco seriam o ponto crucial. Comecei um trabalho intenso de testes para quase todos os personagens principais, menos para o de Laura (Julia Lemmertz) e o de Mercedes (Maitê Proença), contando desde o início com o preparador de atores Christian Duurvoort, importante colaborador.

Estruturamos os testes da seguinte forma: num primeiro momento, havia exercícios lúdicos para soltar o ator/atriz e deixá-lo(a) à vontade com os preparadores (Nara Sakarê e Luciano Bortoluzzi) com quem iria atuar e com o espaço. Posteriormente passávamos às improvisações que Chris e eu havíamos preparado, em que buscávamos vivências e repertórios que os atores iriam necessitar na fase seguinte do exercício, na qual se trabalhavam com cenas do próprio roteiro que os atores não haviam lido. Cada teste durava em média duas horas; isso para os personagens mais importantes. Era um trabalho que servia sobretudo para conhecer o ator mais profundamente e, ao mesmo tempo, sentir a sua relação com o personagem que iria encarnar.

Muitas coisas que afloraram nos testes dos atores escolhidos foram usadas posteriormente na preparação. Os atores que aceitavam fazer esse trabalho reconheciam o respeito profissional que dedicávamos a eles, dando-lhes tempo e buscando uma visão menos superficial de suas características e qualidades. Alguns atores que admiro e que foram convidados a fazer o teste se negaram. Considero tal postura por parte de um ator uma incompreensão do que é fazer um filme.

A composição do elenco é o momento crucial em que o diretor define a *cara* e também a alma de seu filme. Trata-se de uma decisão que estará impressa na película e portanto definitiva.

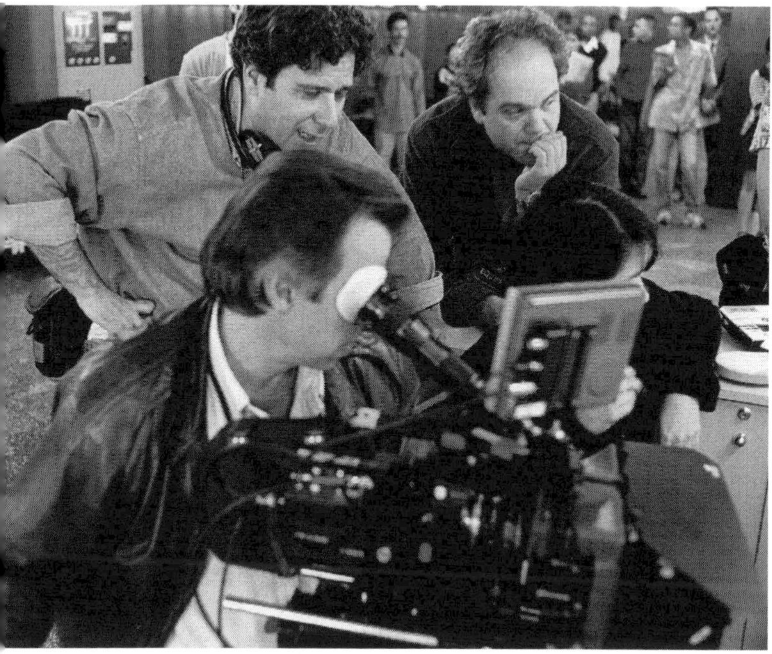

Chris Duurvoort, ao meu lado, foi um grande colaborador

Eu estava enfrentando dificuldades para encontrar o protagonista. Não queria um galã e a maioria dos atores com 40 anos que eu via na TV queria aparentar 25; não tinha o olhar e a expressão de homens maduros. Em outros, os traços sugeriam características que eu não desejava para Martín.

A sugestão de testar Felipe Camargo veio de Marjorie Gueller, uma grande amiga e figurinista. Não ouvia falar de Felipe desde o início da década de 1990 quando sua imagem foi impiedosamente atacada pela mídia. Ele, que havia sido uma grande promessa entre os atores surgidos em meados da década de 1980, desaparecera. Soube que, nos anos Collor, ele havia feito um filme com José Joffily[66], que eu não chegara a ver.

Liguei para o Felipe pessoalmente e o convidei a vir a São Paulo para fazer o teste. Quando cheguei à produtora ele já estava esperando. Suas feições haviam mudado muito; já não possuía o *rosto de bebê* do passado, mas ainda ostentava certo ar de garotão carioca. O teste de Martín começava com um longo momento em que o ator quase nada fazia, a não ser ouvir um *Estudo para Piano*, de Chopin. A câmera MiniDV

---

66 *A Maldição de Sanpaku.*

Felipe Camargo – história no rosto

que eu operava passeava pelo seu rosto e, já nesse momento, tive a forte intuição que havia encontrado Martín, personagem sem passado. Eu precisava de um ator cujo rosto sugerisse uma história pregressa. As marcas no rosto de Felipe Camargo lhe davam essa densidade e o humanizavam.

A preparação dos atores durou cerca de dois meses que variavam segundo o papel de cada um. Felipe se entregou ao trabalho de maneira intensa e disciplinada. Chegou a comprar um piano para poder estudar em sua casa após as aulas. Tinha consciência do desafio e da oportunidade que encontraria pela frente, pois estaria em 97% das cenas de *Jogo Subterrâneo*. Martín é um personagem que não tem o que se poderia chamar de um comportamento *comum*, é calado; sua linguagem é a do gesto; do olhar que deixa transparecer uma emoção intensa, mas contida, assim como a sua fala.

Felipe enfrentou tal desafio com a valentia que todo grande ator precisa ter; contracenou com verdade e generosidade. Chamam atenção em seu trabalho a simplicidade e a economia de recursos, essencialmente cinematográfica. Ele deu mistério e humanidade a Martín. Trago comigo a felicidade de que seu trabalho em *Jogo Subterrâneo* abriu-lhe novamente as portas do cinema e da televisão.

Ana iria ser entregue a uma atriz que estava fazendo muito sucesso em uma novela da época. No cinema fizera poucos trabalhos; nenhum que a credenciasse diretamente para o papel, mas era uma indicação da Buena Vista que eu aceitei para ter total liberdade na escolha do protagonista. Era uma boa atriz, não me desagradava, mas dificilmente seria a minha primeira escolha.

O problema foi que após meses de negociação com a sua agente – profissionalmente bastante complicada – havíamos avançado muito pouco. A sensação que eu tinha era a de que estava contratando uma estrela internacional com uma agenda tomada por grandes produções em várias partes do mundo. Em uma das duas vezes, em quase um ano, que me foi permitido conversar com esta atriz, fui à sua casa para falarmos a respeito do roteiro e de sua personagem, além do trabalho de preparação. Ela se mostrou distante e pouco interessada, para dizer o mínimo. Sua preocupação parecia ser única e exclusivamente o dinheiro.

Para completar, sua agente nos enviou uma agenda que inviabilizava a sua participação no filme. Assim, sem grande pesar, a não ser pelo fato de que gostaríamos de satisfazer nossos coprodutores, partimos para a busca de outra atriz. Como até então tínhamos tal escolha como certa, não havíamos aberto testes para o papel de Ana. Apesar do risco para o nosso cronograma, confesso que no fundo comemorei tal impossibilidade, principalmente depois das duas conversas que mantive com ela; nunca se sabe, mas intuí que não seria uma grande parceria. E, cada vez mais, percebo que a intuição é a minha melhor conselheira, embora eu a despreze em várias ocasiões.

Assim, enquanto abríamos os testes para Ana já com quase todo o *casting* definido, buscávamos eventuais nomes que nos tivessem escapado. Os testes seguiam sem que chegássemos a Ana. Ramalho sugeriu o nome de uma atriz que também se tornara mais conhecida graças às novelas. Dos trabalhos que fez para cinema, nenhum me agradava. Eu tinha dúvidas sobre esta escolha, pois seu rosto – embora belo – tinha uma expressão meio triste, não só pelo formato da boca e dos olhos, mas também por sua personalidade, tímida e terna, que, por vezes, mesmo quando sorria, me dava a impressão de que estava prestes a chorar – o oposto do que eu procurava. Porém, estávamos entrando no vermelho em termos de cronograma e quis acreditar que essas coisas poderiam ser trabalháveis durante a preparação. Como tal atriz não havia feito o teste, sugeri que viesse a São Paulo fazer um trabalho com

Felipe Camargo, no qual poderíamos testar o par e sentir se surgia alguma *química* dali. O trabalho conjunto foi um desastre; árido, travado, sem vida e sensualidade. Havia outro detalhe: ela estava acima de seu peso e, após a prova de figurinos, Adrian manifestou a sua preocupação de que quase nenhum figurino lhe caía bem.

São curiosos esses processos nos quais tentamos nos convencer de algo que nosso interior nos grita que não dará certo. Saí da produtora decidido a ter uma conversa delicada com a tal atriz a respeito de sua forma física. Considerei que seria uma indelicadeza ter essa conversa por telefone e agendei uma ida ao Rio já no dia seguinte. Ao chegar, profissionalmente lhe expliquei que seu papel era o de uma garota de programa de luxo e portanto seu corpo e suas medidas deveriam estar à altura de suas concorrentes no mercado (garotas de programa). Disse a ela que a produção do filme a matricularia em uma academia de sua preferência. Ela reagiu ofendida, disse que fora listada entre as dez mulheres brasileiras mais *sexies* do ano e portanto não precisava fazer nada. Voltei a São Paulo aliviado; ela não iria fazer o filme.

O tempo passava sem que *Ana* aparecesse. Certo dia, estou dirigindo para a produtora e meu celular toca: era Maria Luisa Mendonça. Ela havia lido o roteiro, adorara, mas não queria fazer o personagem que eu lhe propusera: *quero fazer a Ana*. Eu lhe respondi que jamais havia pensado nela para esse papel, mas podíamos falar mais tarde, pois eu estava em uma avenida movimentada e não tinha como estacionar. Maria Luisa ignorou o meu pedido e insistiu para que a deixasse fazer o teste. Eu lhe disse que jamais lhe negaria tal coisa, mas alertei-a novamente que jamais pensara nela para esse personagem.

Confesso que, no dia em que Maria veio fazer o teste, eu estava preocupado; como iria lhe dizer que não seria possível? Felizmente isso não

foi necessário. Ela veio com uma entrega, com uma garra, que expressavam o quanto queria aquele papel. Chegou com a íntima certeza de que este seria dela. Tinha razão, ninguém o faria como ela fez. Como Ana, Maria é um vulcão; de uma beleza camaleônica e sensual, traz o desconhecido e sintetiza facetas de todas as outras personagens femininas. Se eu fosse defini-la em uma só palavra, diria que Ana é o caos que se contrapõe à ordem que Martín representa. Este tem uma relação mórbida com a vida. De alguma forma quer controlá-la e, quando tudo está sob controle, você está vivendo a morte, e não a vida. Ana chega *atropelando* aquele homem. O atropela e o resgata.

Maria Luisa Mendonça uma atriz corajosa que deu a Ana loucura e sensualidade

Foi marcante a primeira vez em que Maria Luisa trabalhou com Felipe Camargo. Christian Duurvoort, o preparador de atores, havia trazido um exercício no qual os atores que vão contracenar se ligam um ao outro através de duas varas de bambu de cerca de um metro. Elas são sustentadas pela pressão da ponta do dedo indicador de cada um que empurra o braço (e o corpo) do outro e dessa forma se combinam em infinitos movimentos. É um exercício de concentração, expressão e integração que pode ser feito com e sem diálogos.

Estávamos em um grande salão onde Felipe e Maria começaram a se movimentar com os bambus e em silêncio. Em dado momento, Chris colocou uma música de Astor Piazzolla e os dois que mal se conheciam, compuseram juntos uma coreografia aleatória tão expressiva que tive a certeza de que formariam um par e iriam se entender muito bem. Nesse momento, surgiu a ideia para a cena da *dança dos tacos* (de *snooker*), na viagem que Ana e Martín fazem em direção a Porto Desejado.

Maria Luisa foi uma grande companheira, muito divertida e, apesar de estarmos fazendo um filme denso, estabelecemos uma amizade bem-humorada, de brincadeiras e brigas saudáveis. Maria Luisa é uma atriz generosa e

A dança dos tacos

adora o clima de *set*; deu-se muito bem com toda a equipe.

Eu sabia que ela havia se negado a fazer uma cena de nudez parcial em *Coração Iluminado*, de Babenco. Ainda no teste, lhe perguntei como se colocaria em relação a *Jogo Subterrâneo*. Ela me respondeu que estava batalhando pelo papel, entre outras coisas, porque queria encarnar um personagem sensual, coisa que ainda não havia feito e que representava um desafio para ela. Foi fascinante ver uma atriz da qualidade e da coragem de Maria Luisa, lutando para superar os seus limites. Lembro-me que, no dia anterior à filmagem da cena de sexo entre Ana e Martín, Maria Luisa me pediu que fôssemos ao *set* após as filmagens e marcássemos as cenas do dia seguinte. Mostrei-lhe algumas cenas de *Intimidade*, de Chéreau, no sentido de estimulá-la com a coragem dos dois grandes atores desse filme.

No *set*, Maria Luisa lutou bravamente e para isso contou com a compreensão de toda a equipe, mas principalmente com a colaboração de Felipe. Era impressionante como ela esquecia de qualquer bloqueio no momento em que sentia a câmera rodando, característica que constatei durante todo o trabalho. Ao final da jornada, esgotada mas exultante, por ter ultrapassado mais aquela barreira, ela me segredou aliviada: *Desde o início das filmagens, eu não tirava essa cena de minha cabeça, agora já foi, tá na lata*. Minha admiração por ela cresceu ainda mais.

Sempre pensei em Julia Lemmertz para o papel de Laura. A primeira vez que a vi foi em *A Cor de seu Destino*, quando me impressionei com a sua interpretação densa e contida. De uma beleza exótica fora dos padrões, Julia é uma atriz tranquila, concentrada e meticulosa. Lembro-me como foi rigorosa nos teses de maquiagem para os ferimentos nos olhos de Laura que representaram um desafio à Donna Meirelles, maquiadora do filme. Julia é uma atriz que gosta muito de trabalhar em conjunto com o diretor. De grande profissionalismo e humildade sincera, ela se entregou totalmente ao trabalho de preparação. É uma pessoa doce, equilibrada e amiga.

Laura, personagem de Julia, é muito importante em *Jogo Subterrâneo*, pois confunde Martín. Ela não tem respostas nem para si nem para ele, mas vampiriza a história contada por aquele estranho homem que conheceu; faz muitas perguntas que nós mesmos faríamos. Ela integra o universo subterrâneo em que o jogo se dá, mas, paradoxalmente, os encontros entre Laura e Martín revelam as grades que ele construiu para si.

Julia Lemmertz humanizou a Laura que estava no papel

Martín não consegue conversar com outras mulheres como ele dialoga com Laura. Ele se expõe nos seus encontros com ela, mas ao mesmo tempo sente-se protegido por sua cegueira. Além do mais, só a encontra quando quer. Há um anonimato naquela relação. Eles vão se aproximando pouco a pouco e uma estranha ligação nasce ali. Laura se revela uma mulher ferida e amarga, escudada por uma atitude sarcástica.

Daniela Escobar foi uma grande surpresa. Ela fizera pouquíssimos filmes, quem sabe prejudicada pelos vários papéis chorosos que fez em novelas e séries televisivas, mas mostrou um grande sentido cinematográfico; possuindo uma contenção que me agradou muito. Vivendo um personagem que é mãe de uma menina autista, jamais resvalou para a pieguice.

No teste, percebi que Daniela possuía um sentimento maternal, tinha paciência e era carinhosa, algo que buscávamos para o papel de Tânia. Apesar de um certo *esoterismo*, Tânia é aquela, dentre as mulheres do filme, que mais tem o *pé no chão*. Ela encarna esse sentido prático da mulher, esse equilíbrio que homens como Martín custam tanto a alcançar. A casa de Tânia é onde as cores quentes aparecem pela primeira vez no filme, através do *décor*, dos figurinos e dos brinquedos de Victoria. Tânia e sua filha

Daniela Escobar: surpreendente

trazem a presença da família, algo distante de Martín. Muitas vezes, nos debates sobre *Jogo Subterrâneo*, me perguntaram por que Martín rejeita Tânia, uma mulher bela e equilibrada, ao contrário de Ana, um personagem atormentado e quase histérico. Quem sabe, não seja propriamente essa *mulher-mãe*, o que o inconsciente de Martín está buscando.

Tânia e Victoria, a menina autista, são personagens inspirados em duas pessoas que conheci em um filme para a série *Gente que Faz*, que rodei por volta de 1994 – Eliana Boralli e sua filha Natália. Eliana descobriu que Natália era autista um ano após o parto. Entrou em depressão profunda, mas saiu da escuridão com a ideia de fazer tudo o que pudesse por ela. Estudou profundamente o fenômeno do autismo e estabeleceu com a filha uma relação de raro e autêntico companheirismo. Posteriormente fundou uma escola dedicada ao ensino e ao tratamento de crianças autistas chamada Auma. Eliana nos assessorou durante a roteirização, na escolha e na preparação da atriz que fez Victoria, a menina autista, bem como na preparação de Daniela Escobar.

Há uma cena-chave, que é o encontro de Victoria com Martín numa estação de metrô ao final do filme, cuja solução nasceu de um reparo de

Thávyne doou sua verdade à Victoria

Eliana à maneira como estava escrita no roteiro. Nesta cena, após tomar de Martín a clarina (instrumento de sopro) com que o presenteara, Victoria o beijava e se afastava pela estação. Ao ler o roteiro, Eliana nos disse que um autista muito dificilmente beijaria alguém e nos sugeriu o gesto, tão bem atuado por Thávyne Ferrari, de aproximar seu rosto suavemente de Martín, quase roçando-o, e fazer um leve movimento vertical de cima a baixo, como se o cheirasse.

Ainda em relação a esta cena, aconteceu algo quase mágico. Ela fora filmada na segunda semana de trabalhos. Dois meses depois, rodei todas as cenas em estúdio, uma delas foi aquela em que Ana, sem ter para onde ir, dorme no apartamento de Martín pela primeira vez. Há um momento em que ela desperta, sai da cama e caminha até a poltrona onde Martín está adormecido. Ao aproximar o seu rosto do de Felipe, Maria Luisa fez exatamente o mesmo gesto de Victoria, sem jamais ter visto a cena que rodamos antes e, claro, sem qualquer orientação de minha parte. Fiquei impressionado com aquele instante de inesperada e sutil ligação entre as duas cenas, e só disse o que acontecera a Maria Luisa quando as filmagens daquele dia se encerraram. Espero não ser corrigido por Felipe Camargo ou qualquer outro membro da equipe que tenha sugerido tal gesto a Maria Luisa sem o meu conhecimento...

Victoria é uma projeção da alma de Martín. A relação dos dois é uma das coisas de que mais gosto no filme. Eles estabelecem uma relação sem palavras em que a ponte é a música. A transformação final de Martín nasce do gesto inesperado dessa criança em quem ele se espelha na sua incomunicabilidade – todos sabem que os autistas são tidos como seres incapazes de se relacionar afetivamente. Em nenhum momento quis que Victoria inspirasse pena.

 Apesar de haver criado o personagem de Victoria, sentia calafrios quando pensava em como *resolvê-lo* para além do papel. Thávyne Ferrari tinha nove anos quando foi selecionada entre mais de cem crianças. Impressionavam-me a sua capacidade de concentração, o seu intuitivo sentido dos tempos, o seu domínio corporal e a sua verdade. Durante dois meses ela se submeteu a uma preparação intensa, quase diária, com Chris Duurvoort, que, assistido por Nara Sakarê, desenvolveu um trabalho brilhante.

Aqui cabe um parêntese a respeito do trabalho de preparação dos atores, questão que vem sendo debatida há certo tempo no cinema brasileiro.

Eu sentia calafríos quando me perguntava se encontraria uma criança capaz de viver Victoria

Creio que há uma falsa polêmica em relação ao preparador de atores. Certa supervalorização também. Grandes e magníficos filmes foram e são feitos sem a figura desse profissional. O preparador tem funções muito diferentes de acordo com o diretor com quem está colaborando. E também desenvolverá trabalhos muito diferentes se estiver lidando com atores profissionais ou não atores.

Há diretores que gostam de dirigir atores e dão prioridade a esse trabalho, entre os quais me coloco. Para esses diretores, o preparador de atores pode ser um profissional muito útil, uma espécie de assistente especial de direção que trabalha em fina sintonia com o diretor para *colocar* seus atores nos personagens, ou melhor, para *tirar* esses personagens dos atores – explorar caminhos e possibilidades, libertar o ator de suas pré-concepções; libertá-lo também das tensões e concentrá-lo para criar dentro da paleta e do universo estabelecidos pelo diretor. É antes um trabalho físico-emocional do que intelectual. E um dos principais objetivos é garantir a unidade de interpretação, coisa que não é simples, pois as filmagens são um processo muito quebrado e dispersivo.

Uma boa preparação deixa o ator apto a trabalhar sua atuação cena a cena, independente da ordem em que seja rodada, pois ele já traz o necessário repertório desenvolvido durante a preparação e o treino de relaxar e concentrar-se. Há porém muitos atores que reagem à preparação. Talvez um dos fatores que pesem para isso é que a preparação de atores surgiu e ficou conhecida pelo trabalho junto a não atores (adultos ou crianças). E os preparadores que apareceram inicialmente desenvolveram uma técnica que obteve ótimos resultados com esse tipo de *casting*, mas, quem sabe, um pouco primária para atores mais experientes e com um vasto repertório.

Por vezes, noto o desejo por parte de um ou outro preparador de ser o *criador da criatura*, mas quem tem que criar são os atores. O diretor e o preparador devem guardar certa humildade com os atores, pois quem age, quem vive e expressa a cena são os atores. O trabalho mais importante é dar-lhes a confiança, a concentração e a soltura para fazer o seu trabalho dentro de um todo, de uma unidade. Por outro lado, os atores que se colocarem de forma corajosa, desprotegida e, por que não, humilde, poderão tirar grande proveito da preparação. Mas esse é um trabalho que não acontecerá se não houver uma relação de confiança e entrega. E isso demanda o trabalho e a presença do diretor; sem ela, não há preparador que resolva. Há preparadores e preparadores; alguns mais atrapalham do que ajudam.

Quanto à Maitê Proença, eu só lamento que sua participação tenha sido *tão especial* (somente uma cena). Desde a primeira leitura que fizemos, chamou-me atenção a sua inteligência para compreender as motivações e a subjetividade do roteiro. Quando veio a São Paulo para rodar a sua cena, já estávamos filmando a todo o vapor e bem integrados. Rodar uma cena nessas condições é algo muito difícil, pois o ator *cai de paraquedas* e tem que percorrer o caminho dos outros muito rapidamente. Maitê havia ensaiado a cena conosco havia um mês e meio; tínhamos passado o texto poucas vezes; o suficiente para que ela chegasse ao tom que eu queria. Na ocasião, eu lhe disse que não via Mercedes como vilã, mas sim como mulher de negócios.

Porém, quando ensaiamos a cena no *set*, senti que Maitê tinha enveredado por outro caminho, um tanto estudado e teatral, em que Mercedes ganhava cores de vilã. Discutimos asperamente, o que acabou trazendo a tensão de que eu precisava para a cena, embora não tenha sido intencional. Ao final do trabalho, reconciliados, comemos uma pizza regada a bom vinho para festejar a sua meteórica passagem pelas filmagens. No dia seguinte, ela enviou um carinhoso fax com saudações para todos da equipe. Seu trabalho se diferencia e, ao mesmo tempo, se integra ao dos outros personagens femininos.

Uma questão que carrego diz respeito à própria cena. Desde quando Jorge e eu a escrevemos, manifestei dúvidas sobre ela por achá-la um tanto folhetinesca para o tom do filme e por ser o momento em que a película se afasta do ponto de vista de Martín, adotado até então. Com razão, Jorge dizia ser contra sacrificar a emoção e o entendimento da história em nome de um rigor formal. De minha parte, eu também queria evitar certo engessamento adotado em *Feliz Ano Velho* e resolvi afrouxar um pouco as amarras. Não sei se foi a melhor decisão. O sub-*plot* de Mercedes e Ana trouxe ao filme uma trama folhetinesca e fora do tom, em *Jogo Subterrâneo*.

No que diz respeito à montagem, queria trabalhar de forma diferente do que havia feito em *Feliz Ano Velho*, quando me impus excessivamente a Galileu García Jr., muito jovem à época.

Manga Campion[67], também era um profissional jovem, mas dessa vez eu queria alguém que fizesse um contraponto ao meu jeito de estruturar as cenas, alguém que trouxesse um frescor

---

[67] Recentemente montara "O Invasor", de Beto Brant.

no olhar que buscasse alternativas. Manga é uma pessoa afável e séria. Mas, talvez naquele momento, estivesse ainda um pouco *verde* ou inseguro para assumir a montagem da forma como eu gostaria. Eu queria delegar mais, criar a oportunidade para que surgissem novas soluções. Mesmo assim, Manga deu contribuições importantes ao filme e nos entendemos muito bem nos cerca de oito meses de convivência diária na sala escura.

Mostrei os sucessivos cortes do filme para os principais colaboradores e alguns cineastas; entre eles, Durán, que havia escrito o roteiro comigo e cuja última *participação* no filme fora o acompanhamento da primeira leitura do roteiro com os atores, feita antes das filmagens. Ao fim da projeção, com sua habitual franqueza, Jorge se disse preocupado: *algo não funciona no segundo ato, está muito longo, há muitas idas e vindas* e *repetições entre Ana e Martín*. Imediatamente, tomado pela ansiedade, comecei a dizer que não havia mais o que cortar, que qualquer cena que tirasse tornaria a história incompreensível. Jorge apenas respondeu que de nada adiantariam as minhas argumentações, pois não mudariam o que ele sentiu ao assistir ao filme. Acrescentou que eu não precisava defender o filme, uma vez que ele o havia escrito comigo; se eu não con-

Na edição com Manga Campion

cordasse com as suas observações, que deixasse tudo como estava.

Calei-me e passei duas semanas sem dormir até conseguir suprimir um bloco com cerca de 10 minutos de duração. Embora Ramalho fosse o produtor executivo de *Jogo Subterrâneo*, preservei-o de assistir ao filme até que eu chegasse a um corte com o qual estivesse satisfeito. A projeção para ele foi um momento emocionante. Ramalho havia me acompanhado desde o início e fora o arquiteto da complexa estrutura de produção que levou o filme em voo seguro até seu final, mesmo quando estávamos estrangulados economicamente, pois parcelas há muito compromissadas por investidores não foram depositadas em nossa conta.

Afora isso, é um homem que vê muito cinema e possuidor de prodigiosa memória. Como Durán, ele não tem papas na língua e é bastante crítico com as coisas que faço. Ao fim da projeção, para minha surpresa, ele estava emocionado e até me abraçou, gesto raro em seu repertório afetivo. Impossível esquecer.

Também mostrei o filme para Babenco que, depois de fazer elogios, alertou que era para um público restrito. Para minha surpresa acrescentou que eu deveria cortar mais um dos embates entre Martín e Ana que lhe pareciam excessivos. Era uma repetição do que Durán já observara e, embora desde então eu houvesse eliminado um bloco inteiro, o problema persistia, agora com a agravante que eu já estava em fase de mixagem. Babenco me perguntou se eu o deixaria trabalhar algumas horas com Manga neste assunto. Aceitei. Meu passado de montador me treinou no desapego ao material; algo importante nessa etapa do trabalho. Por outro lado, se não gostasse era só seguir com o que eu já tinha.

Ao ver o resultado do que haviam feito, incorporei imediatamente. Tinham retirado pouco mais de noventa segundos, mas que faziam grande diferença. Não se tratava de uma questão de tempo; havia conflitos na relação de Ana e Martín, que não necessitavam de mais reiteração e que travavam a progressão dramática. Vale a pena lutar até o último segundo para melhorar um filme e aquele era um momento depois do qual seria impossível mudar. Muitas vezes, ao escrever um roteiro, não temos condição de avaliar a força que algumas cenas ou blocos vão adquirir uma vez filmadas e por isso criamos situações de reforço que podem se revelar desnecessárias.

Uma das coisas de que mais gosto em *Jogo Subterrâneo* é a trilha musical; para compô-la,

Luiz Henrique Xavier visitou distintos universos. Martín é um pianista que vive de tocar música popular em um bar, mas sua ligação mais íntima é com a música erudita (a única coisa que sabemos de seu passado é que foi concertista). Quando Xavier me mostrou *Choro Nº 5 – Alma Brasileira*, de Villa-Lobos, sentimos que ele havia encontrado uma referência a partir da qual se estabeleceria um dos eixos musicais do filme. O outro eixo diz respeito à música do bloco do metrô/jogo, que Xavier trabalhou com timbres metálicos e eletrônicos em oposição ao anterior, interpretado com instrumentos acústicos. Assim foi estabelecido um bloco frio, pulsante e agressivo em oposição a outro mais melódico e emotivo, ambos obedecendo aos movimentos da alma de Martín.

Por volta de outubro de 2004, terminamos a mixagem de *Jogo Subterrâneo*; dali para a frente, restavam apenas os trabalhos técnicos de finalização de imagem para que fosse feita a primeira cópia, marco que encerra a produção de um filme.

Capítulo XVII

Outras Histórias

Nessa mesma época, Babenco me convidou para dirigir quatro dos dez episódios que iriam compor a série televisiva *Carandiru – Outras Histórias*. Com o lançamento de *Jogo Subterrâneo* programado para abril do ano seguinte, me senti dividido; havia pouco tempo para preparar a cartada mais importante no destino de um filme. No entanto, como profissional da direção, senti que eu precisava seguir dirigindo, ainda mais ao ser convidado para um projeto que me parecia bastante estimulante, um novo desafio.

Eram histórias fechadas em si mesmas, assinadas por Fernando Bonassi, Victor Navas e o próprio Babenco. Algumas me atraíram logo de início e Babenco me deu liberdade para escolhê-las. Já nas primeiras reuniões para discuti-las, senti que a permeabilidade a mudanças era muito pequena. Babenco pediu fidelidade irrestrita aos roteiros. Por outro lado, nos deu total liberdade durante as filmagens; jamais apareceu no *set* e nem mesmo assistia ao material que ia sendo rodado.

Dessa forma, me dediquei a filmar os *meus* quatro roteiros num exercício de precisão narrativa, em que busquei contar aquelas histórias da forma mais eficaz e elegante possível (pensei em nada menos que Billy Wilder), mas dentro dos parâmetros da linguagem adotada pelo filme que deu origem à série.

O cronograma de filmagens obedeceria a um ritmo televisivo. As equipes de Babenco e Márcia Farias (que codirigiram dois filmes), de Walter Carvalho (que como eu dirigiu quatro filmes) e a minha se revezariam, usando as semanas em que os outros filmavam para finalizar a pré-produção. Disporíamos de seis dias para rodar cada filme que teria, em média, meia hora de duração.

Durante os dois meses de pré-produção, enquanto Clovis Bueno (que fora diretor de arte do longa-metragem) cenografava o pavilhão deserto do complexo do Carandiru (já parcialmente demolido) onde iríamos filmar, cada um dos diretores levantava, juntamente com Marcos Pedroso[68], as locações nas regiões vizinhas ao Carandiru para tornar as filmagens mais rápidas e com o menor número possível de grandes deslocamentos. Ao mesmo tempo, cada diretor

---

[68] Marcos Pedroso assumiu a Direção de Arte na etapa das filmagens.

definia o *casting* de seus episódios, pois haviam sido criados novos personagens em relação ao filme.

Havia um grande volume de trabalho pela frente e um tempo exíguo para realizá-lo. A roteirização não obedecera a uma racionalidade geralmente observada nas séries televisivas – cada roteiro era um filme específico em que raramente se repetiam locações e personagens de outros episódios; em termos de pré-produção, eram quase dez longas-metragens.

De minha parte, fiz um rigoroso planejamento em conjunto com a minha primeira assistente, Inês Moulin, profissional valiosa em mais esse trabalho. Decupei os meus quatro roteiros e fechei todas as locações com antecedência, uma vez que no *set* quase não haveria tempo para pensar, mas só rodar.

A primeira história que me atraiu foi *Além da Imaginação*; de todas a mais insólita e misteriosa, pois possui um final ambíguo, não plenamente resolvido. Considero esse o roteiro mais radical da série, pois foge ao realismo das outras histórias. Seu personagem é Dadá, o rapaz que se salvou do massacre do Carandiru ao fingir-se de morto no chão encharcado de sangue do pavilhão invadido pela Polícia. Tempos depois,

Inês Moulin: profissional valiosa.

já em liberdade, Dadá, interpretado pelo excelente Robson Nunes, encontra o Doutor (Luiz Carlos Vasconcelos) ao vê-lo estacionar o carro numa rua onde agora trabalha como *flanelinha*. Segundo Dadá, ele fez uma leitura premonitória do Salmo 91 em uma carta enviada por sua mãe, pouco antes da terrível invasão da Polícia Militar. Dadá então relata ao Doutor a sua experiência com Deus e a religião, que culmina em uma grande prova à qual Deus o submete.

Depois de se tornar um pastor por insistência de sua mãe, em suas andanças para divulgar a Bíblia, Dadá chega a uma oficina de luxo na qual encontra antigos conhecidos do Carandiru – prisioneiros supostamente mortos no massacre. Eles estão assaltando o lugar e se preparam para levar nada mais nada menos do que uma Ferrari último tipo. Dadá é tentado a participar do roubo, inclusive por Santão, líder do grupo, magnificamente atuado por Aldo Bueno. Em meio à luta interior de Dadá para não *cair em tentação*, a oficina é cercada pela polícia. Dividido entre entregar os companheiros e participar do roubo, Dadá atira contra a própria cabeça. Ao *despertar*, é ajudado pelos companheiros que o cumprimentam por sua atitude. A seguir, Dadá vê a mão disforme de Santão lhe estender o projétil retirado da sua cabeça. Ao lembrar as palavras do Salmo 91, Santão – há pouco encarnação do Diabo, mas agora de Deus – lhe diz que ele não o decepcionou; valeu a pena tê-lo salvo e assegura que ELE esteve sempre ao seu lado, nunca o abandonou.

Ao ouvir tais palavras, Dadá experimenta uma emoção profunda e olha ao redor; está só no enorme e deserto galpão da oficina, antes tomado por carros. Ainda hoje, quando vejo este pequeno filme feito para a televisão, me emociono, quem sabe pela questão ética na qual ele toca; creio que de alguma forma me identifiquei com Dadá. Queria muito fazer jus a este roteiro escrito por Bonassi – uma pequena pérola; acho que consegui.

Gosto muito da fotografia e da câmera de Hélcio Nagamini, o *Alemão*, para esse episódio. Eu planejara todo o trabalho com José Roberto Eliezer (Zé Bob) que deixou o trabalho após fotografar o *O Gênio do Crime* (o primeiro, pela ordem de filmagem). Alemão entrou *na fogueira* e saiu-se muito bem. Trabalhamos em perfeita harmonia mesmo nos momentos mais difíceis.

Como já disse, encarei *Carandiru – Outras Histórias* como um exercício narrativo e de estilo, pois os roteiros que dirigi se prestavam a isso; eram bem diferentes entre si e contemplavam distintos gêneros.

Dirigindo Robson Nunes, o Dadá

Indulto de Natal foi a minha primeira comédia-dramática, na qual tive o privilégio de trabalhar com o que considero um dos núcleos mais felizes do longa-metragem dirigido por Babenco. Para minha alegria, voltei a dirigir Maria Luisa Mendonça em combinação com Ailton Graça e Aida Leiner.

É natal, Majestade, o bígamo, aproveitando o indulto a que tem direito, vai fazer *dupla jornada*, mas dessa vez tem um grave dilema: Rosirene (Aida Leiner), sua *nega*, mãe de seus filhos, vai ser operada para retirar uma das mamas atingida por um tumor . O problema é que a cirurgia de Rosirene será feita justo no dia da ceia de natal que Majestade tradicionalmente passa com Dalva, sua *branquinha*. Na *saia-justa*, Majestade resolve ir antes à casa de Dalva para avisar que dessa vez terá que inverter a programação e passar a noite da ceia no hospital. Ao chegar à casa dela, surpreso, não a encontra. Sem saber onde sua branquinha se meteu, Majestade é acometido por um acesso de ciúmes ao ouvir na secretária eletrônica um *cliente* com voz insinuante clamando por *aquela massagem gostosa*.

Dividido entre a angústia de ter uma de suas mulheres na mesa de cirurgia, enfrentando uma grave intervenção e o drama de estar sendo traído por sua outra mulher, Majestade quase en-

Entre Aílton Graça e Maria Luisa Mendonça: minha primeira comédia-dramática

louquece. Aílton Graça, Maria Luisa Mendonça e Aída Leiner alternam momentos hilários, entre os quais se destaca o bloco final quando os três se reconciliam no apartamento do hospital onde Rosirene se recupera da cirurgia. O filme termina com um melancólico plano no qual Majestade se afasta da câmera, andando pelo corredor em direção à sua cela.

Sempre gostei de comédias-dramáticas e me senti extremamente bem dirigindo esta com ótimas situações e grandes atores. Creio que fui feliz em certas soluções cinematográficas e de *mise-en-scène*, como a cena em que Majestade entra na casa de Dalva, emprestando a espada de São Jorge para destravar a janela ou ainda o bloco final em que resolvi praticamente tudo em um único plano no qual a câmera, colocada em uma *dolly*, se aproxima ou se afasta, de acordo com a movimentação dos atores.

Pais e Filhos é um drama geracional com uma mensagem antidrogas. Considero-o o mais complexo dos filmes que dirigi para a série; tem vários personagens, combina cenas musicais, românticas e de violência, além de sonhos, pesadelos e delírios. Também neste filme tive o meu maior desafio de *casting*, pois Kennedy, o protagonista, quase não existia no longa-metragem.

Kennedy é filho de Nego Preto (Ivan de Almeida), o chefe da faxina e autoridade entre os presos. No início do filme, Kennedy se apresenta cantando um *rap* para os presos no pátio do pavilhão. A letra narra sua história e irá costurar todo o episódio no início do qual ele rouba um carro e convida uma garota de classe média alta para passear. Quando os dois se divertem tomando um sorvete após *puxarem um baseado*, são flagrados pela polícia. O casal é levado para uma delegacia, onde Kennedy assume a culpa pelo ocorrido. Ao ser libertada, a garota o humilha, revelando um grande desprezo racial e de classe.

Para desgosto de Nego Preto, o garoto se apresenta em sua cela no Carandiru e passa a morar com o pai. Porém, em pouco tempo começa a frequentar as rodas de viciados. Ao saber disso, Nego Preto o expulsa de sua cela e Kennedy mergulha ainda mais no círculo sem saída do *crack* e do endividamento. Destruído pela droga, o garoto sofre um colapso por overdose e quase morre.

Afastado do pai, Kennedy vive dopado em uma cela. Num dia de visita, Kennedy vê entrar uma moça (Sabrina Greve), que coloca um retrato sobre a cômoda e se ajoelha. Catarina veio acender uma vela para seu ex-namorado, Deusdete (Caio Blat), morto naquela mesma cela por seu melhor amigo, que, sob a *noia* do *crack*, lhe despejou um balde de água fervente, enquanto este dormia. Ao sair, Catarina se interessa por Kennedy, que, aos poucos, se apaixona pela moça. Tal paixão o impulsiona a uma árdua luta para se livrar da droga.

Em um de seus delírios, Kennedy caminha por um labirinto de lençóis brancos agitados pelo vento, seguindo Catarina. Para ao se deparar com um lençol no qual cresce rapidamente uma mancha de sangue. Ao afastá-lo, ele vê a si mesmo, dilacerado e queimado como Deusdete. Tal cena, foi inspirada por outra que Babenco vira em *Cinzas e Diamantes*, o clássico filme de Andrezej Wajda.

Para minha grande felicidade, Sidney Santiago, o ator que escalei para Kennedy, fez um excelente trabalho a despeito da sua inexperiência e do pouco tempo que Sergio Penna e eu tivemos para dedicar à sua preparação. Distante do mundo do *hip hop*, Sidney, rapaz de 18 anos, teve aulas com *rappers* e segurou a barra de se apresentar em um *show* no presídio, além de contracenar com atores mais experientes como Ivan de Almeida, Sabrina Greve e Gustavo Falcão, entre outros, com personalidade e confiança.

Gosto muito deste filme, mas não considero que o roteiro tenha um final à altura dos conflitos

Marcando a cena do sonho com Sabrina Greve

e das situações que apresenta. Trata-se de uma solução um pouco convencional e ingênua que não consegui contornar com a direção.

Por fim, o episódio que menos gosto é *O Gênio do Crime*. Além de considerar o roteiro bem mais fraco que os anteriores há certos problemas no elenco de apoio.

O Gênio do Crime é um *thriller* sustentado basicamente numa piada. Ao chegar ao seu apartamento o Doutor ouve uma estranha mensagem em sua secretária eletrônica. É Antonio Carlos, sofisticado assaltante de bancos, que, depois de um longo tempo desaparecido, resolve recontatar o Doutor. Antonio Carlos fala ao telefone de um lugar que não logramos identificar. Certamente não é da prisão, pois veste uma camisa florida ao estilo havaiano e tem uma vegetação exuberante ao fundo. Antonio Carlos explica o motivo de sua ligação: quer pedir desculpas ao Doutor por tê-lo enganado ao torná-lo cúmplice de um assalto. Durante o telefonema que pontua todo o episódio, o bandido expõe as razões e os acontecimentos que o levaram a abusar da boa-fé do médico.

O relato começa quando Antonio Carlos, interpretado por Floriano Peixoto, é procurado na prisão por Walter (Carlo Mossy), um policial corrupto. Este busca sem sucesso convencê-lo a assaltar um avião que transporta muitos malotes com dinheiro. Em dia de visita, Antonio Carlos e sua esposa (Vanessa Gerbelli) fazem amor na esperança de gerar um novo filho. Eles vêm tentando isso há muito, sem êxito. São personagens de classe média que sonham em construir uma família feliz e honesta logo que Antonio Carlos deixe a prisão. Porém, Walter faz uma nova investida e insiste para que Antonio Carlos aceite assumir o assalto; este recusa, mas fica sabendo que seu filho foi sequestrado e só será devolvido em troca do dinheiro transportado no avião.

Sem escolha, Antonio Carlos põe em marcha o seu plano e simula uma doença; engana o Doutor e é internado na enfermaria do presídio. Lá, é autorizado a receber a visita de *amigos* que estão em liberdade. Na ocasião, ele determina as tarefas e os esquemas para o assalto a ser feito em pleno Campo de Marte. Tudo ocorre como o previsto e o audacioso assalto é bem-sucedido. De acordo com o combinado, o filho de Antonio Carlos é devolvido para a mãe, mas agora o bandido precisa deixar a prisão. Aproveitando de sua suposta enfermidade, Antonio Carlos pede ao Doutor que o transfira para um hospital onde poderá ser mais bem assistido. No transporte, a

Com Vanessa Gerbelli e Floriano Peixoto

ambulância é sequestrada por membros de seu bando que o levam ao encontro da esposa.

Já no final do episódio, ainda ao telefone num exótico quarto de hotel em paraíso tropical progressivamente revelado, Antonio Carlos se despede do Doutor ao lado de seu filho são e salvo, e da esposa, agora finalmente grávida.

Havia neste roteiro a tentativa um tanto forçada e mal construída de cruzar o comportamento dos símios com o procedimento dos homens. De acordo com o roteiro, as ideias seriam expostas em um documentário exibido na televisão da casa do Doutor (Luiz Carlos Vanconcelos), enquanto este fala ao telefone com Antonio Carlos. Mas o propósito discursivo e didático das cenas – aliado à ausência de *ganchos* e de um bom material visual – as tornou pobres e maçantes; tive que cortá-las.

Porém, a última imagem deste episódio – a de uma macaca acariciando a cria – me sugeriu uma humorada citação musical de *Assim Falou Zaratustra*[69], de Richard Strauss, utilizada na antológica passagem de tempo de *2001: Uma*

---

[69] Also sprach Zarathustra.

Odisseia no Espaço[70]. André Abujamra, que fez um trabalho musical notável em toda a série e também no filme, divertiu-se devidamente ao realizá-la. Assim, o que parecia apenas um detalhe ornamental acabou, de alguma forma, amalgamando ideias mal construídas e costuradas estruturalmente.

Esses quatro trabalhos da série *Carandiru – Outras Histórias* foram os primeiros filmes de ficção que dirigi em que os roteiros não haviam sido escritos por mim ou contado com a minha colaboração. Porém, ao longo do processo, fui me apropriando das histórias, sem o que não seria possível dirigi-los com envolvimento. Foi um processo paulatino de aproximação e de descoberta do que me interessava em cada uma das narrativas. Uma *encomenda* faz com que entremos em contato com temas e universos que jamais escolheríamos por vontade própria e por isso nos possibilita um grande aprendizado.

O processo de escritura quase sempre é algo sofrido e solitário. Trata-se de um trabalho intelectual – uma construção em que cada frase, cada ação e cada personagem são pensados, modificados e repensados. Por outro lado, em-

---

[70] De Stanley Kubrick.

bora planeje, considero as filmagens algo lúdico, prático, imediato e coletivo, em que inúmeras decisões são tomadas no calor da hora, e a intuição fala mais alto. Assim, a direção destes filmes foi um trabalho extenuante, tenso, mas sobretudo prazeroso, ao qual me entreguei de corpo e alma.

Ao mesmo tempo, o intenso envolvimento na preparação e nas filmagens dos quatro episódios dividiu as minhas preocupações e atenuou a minha enorme ansiedade com a aproximação do lançamento de *Jogo Subterrâneo*. Meu último dia de filmagem da série coincidiu com a estreia de *Jogo Subterrâneo* nos cinemas.

Capítulo XVIII

Final do Jogo

Duas semanas antes, havia ocorrido a pré-estreia em São Paulo e no Rio. Em São Paulo, eu estava tão nervoso que mal articulei as palavras para apresentar o filme aos presentes. Havia vários amigos na plateia, cineastas e pessoas que admirava. Polanski disse certa vez que faz os filmes para os amigos. Acho tal afirmativa essencialmente verdadeira. No processo de realização de meus trabalhos, nas escolhas que tenho que fazer, penso no diálogo com a vaga porém restrita comunidade daqueles com quem compartilho valores éticos e estéticos. Esse diálogo imaginário só pode se dar com os que supostamente nos entendem. Caso contrário, tendemos a permanecer na superfície de códigos tidos como consensuais e portanto impessoais.

Não gosto de ver um filme em sua pré-estreia. Há uma eletricidade dispersiva e artificial – um desfile de vaidades e aparências que não permite que o apreciemos intimamente. Muitas vezes me vi em plena projeção preocupado com o que iria dizer ao final da sessão.

Embora o realizador esteja curioso para saber como seu filme atingiu a plateia, a pré-estreia não é termômetro nem para o bem e nem para o mal. Trata-se de um público muito específico, em uma sessão feita em condições também particulares. Não poucas vezes, suscita cenas constrangedoras.

Tendo a desconfiar dos comentários elogiosos após a sessão, pois sei que são ou produto da torcida sincera dos amigos e parentes ou do esforço dos que não gostaram. Tampouco é um momento favorável para fazer qualquer comentário crítico sobre um trabalho; não há clima para isso e nem me parece que o realizador esteja em condições de recebê-lo de forma tranquila e desprendida. Digo isso por experiência própria em ambos os lados do balcão.

Por outro lado, a pré-estreia é um momento de comemoração pela realização de um filme batalhado, em geral, por um longo tempo; pedaço considerável da vida de cada membro da equipe e principalmente do diretor/produtor. Trata-se do primeiro momento público de um filme, a hora em que este *cai no mundo* e passa a ter vida própria. A pré-estreia é também parte da estratégia de divulgação, pois é o caminho para colocar o filme nas colunas sociais. Por isso, uma estreia só é eficaz se *os colunáveis* comparecem para ser fotografados. De minha parte, vou para dar um abraço de apoio solidário aos amigos e a colegas aos quais respeito.

Meses antes do lançamento, eu projetara *Jogo Subterrâneo* para a Buena Vista e não houve reação calorosa. Para além das qualidades e defeitos que o filme pudesse ter, o que estava em jogo ali era seu potencial comercial. Em uma projeção privada a Fernando Lagier, diretor da Miravista (Disney América Latina), ele me disse sem rodeios que tinha orgulho de ter produzido *Jogo Subterrâneo* qualquer que fosse o seu resultado comercial. Para bom entendedor...

O *test screening*[71] de *Jogo Subterrâneo* teve resultados discretos. Não era absolutamente um filme unânime, nem tampouco provocava nas pessoas um sentimento *edificante*. Por outro lado, não se verificou nas folhas de pesquisa qualquer necessidade de mais cortes ou mudanças radicais. O filme era o que era, para o bem e para o mal. Para o lançamento, propus à Buena Vista montar uma pequena equipe ligada à minha produtora para acompanhar o trabalho, uma vez que eu estaria envolvido com a direção dos filmes para a série *Carandiru...*, mas tal proposta foi recusada pela distribuidora com o argumento de que lançar filmes era o trabalho deles.

---

[71] No Brasil chamado de *screening test* ou *screen test*.

Não posso dizer que houve má vontade por parte da Buena Vista, mas uma postura exclusivamente industrial e pragmática, em que *Jogo Subterrâneo* foi visto como um produto do qual não se tiraria grande coisa em termos econômicos. Não se tratava de gostar ou não do filme. *Jogo Subterrâneo*, a exemplo de muitos filmes intimistas, ditos *médios*[72], necessitaria de um lançamento mais *artesanal* adequado às suas características e não o tratamento padrão que uma *major* dedica aos filmes médios americanos lançados todas as semanas e que, em geral, são logo substituídos por outros. Assim, o problema não foi sequer uma questão de ausência de recursos investidos no lançamento, mas de estratégia.

O que se seguiu foi *uma tragédia anunciada*. Lançado numa sexta-feira, dia da morte do Papa João Paulo I[73], *Jogo Subterrâneo* não se sustentou sequer por três semanas nas salas de cinema de São Paulo e do Rio de Janeiro. Nesta última cidade, quase ninguém soube de seu lançamento, o mesmo ocorrendo em Brasília.

---

[72] Filmes de orçamento médio que não se pretendem *blockbusters*.

[73] A 1º/5/2005.

Lembro-me do vazio que senti na boca do estômago na segunda-feira seguinte à abertura quando André Sala, gerente nacional da Sony, Pictures, me disse com voz desanimada que o filme havia tido bilheterias fracas naquele primeiro final de semana, no qual é selada a sorte de um filme. Senti um mal-estar físico, minha energia esvaiu-se e fui tomado por uma indefinida e infinita tristeza. No momento em que falei com Sala, eu estava editando um dos episódios que dirigira para *Carandiru – Outras Histórias*; comentei o ocorrido com o editor Willem Dias, permaneci em catatonia por minutos, tomei um café e segui trabalhando. Não podia pensar no que aquilo significava para mim. Tardaria muito a me curar das feridas abertas naquele momento.

Capítulo XIX

Algumas Reflexões

Naqueles dias, Babenco me contou o que se passara na Argentina com *Brincando nos Campos do Senhor*, onde o seu *trailer*, principal peça de divulgação de um filme, fora exibido durante um ano nos cinemas de Buenos Aires, acompanhando *O Piano*, de Jane Campion, sucesso estrondoso naquela cidade.

Segundo ele, no dia da estreia, seu filme teve fotos de capa no *La Nación* e em *El Clarín*, os mais tradicionais jornais argentinos. Naquela mesma noite, ansioso, ele deu um pulo num dos melhores cinemas de Buenos Aires onde seu filme estreara. Ao chegar, encontrou a sala às moscas. Atordoado, aproximou-se do velho gerente e lhe perguntou o que havia acontecido. Este lhe respondeu: *Eu também estou surpreso, o* trailer *de seu filme foi exibido por um ano nesta sala. O que eu posso lhe dizer é que o público pode não saber o que quer ver, mas ele decide o que não quer ver*.

Tal explicação parece fazer sentido, pois, quando um filme abre mal, não se pode dizer que isso se deva a problemas em sua narrativa ou realização. Assim, podemos pensar que essa entidade abstrata chamada público decide que aquilo não interessa, ainda que também devam ser levados em conta os problemas relativos à intensidade e à qualidade da divulgação.[74]

Fiquei muito abalado com o resultado de *Jogo Subterrâneo*. Nos dias que correm, na ausência de um debate cultural mínimo, mais do que nunca a *performance* de bilheteria, os números alcançados por um filme, são considerados os dados mais importantes e significativos para avaliá-lo. Um filme é visto como um empreendimento mais do que qualquer outra coisa.

Passei um longo período me perguntando onde eu havia errado, numa ruminação interminável e sem sentido, uma vez que o filme existia e fora realizado nas condições que sonhei. Se, nos momentos de maior lucidez, não me arrependia de nada, em outros, tal sentimento me causava uma culpa terrível pela qual eu voltava a me castigar num ciclo neurótico.

---

[74] Segundo os distribuidores e produtores, um *trailer* deve ser exibido por, no mínimo, três meses antes do lançamento de um filme para ter eficácia, coisa que, hoje em dia, só acontece com os *blockbusters* e grandes apostas dos exibidores. O *trailer* de *Jogo Subterrâneo* mal foi exibido durante um mês e meio, embora as cópias tenham sido entregues no prazo correto.

Muitos amigos não conseguiram assistir ao filme nos cinemas, devido ao pouco tempo que permaneceu em cartaz. Ao longo dos anos, fui recebendo mensagens, com cumprimentos pelo trabalho realizado, enviadas por aqueles que assistiram em DVD. Achei tudo isso injusto e, como sempre nestes casos, cruel; mas reconheço que sou suspeito. Quanto à suposta injustiça, recordo as palavras de Gisela, doutora de *Feliz Ano Velho*, dirigidas a Mário quando este se revolta com sua condição de tetraplégico: *Injustiça de quem?* Tudo o que atravessei foi em grande medida resultado de minhas próprias escolhas. Com o tempo me livrei do forte ressentimento que me tomou. O meio cinematográfico é um universo talhado para os ressentidos. Há muitos a quem imputar a culpa por nossos fracassos, não que não sejam corresponsáveis...

Jogo Subterrâneo, como temática, estilo e estética, ia a contravapor dos filmes produzidos naqueles anos. Se nos debruçarmos sobre a produção cinematográfica brasileira do final dos anos 1950 em diante, há uma clara hegemonia da temática social. Por quê? Não sou muito afeito a teorizações, mas certa vez li um texto de Jean-Claude Bernardet que especulava sobre certo sentimento de culpa dos cineastas, em sua maioria de classe média, que os impele de abordar o universo dos excluídos. Há também outras coisas que me intrigam: a) por que o cineasta é obrigado a pensar como um sociólogo e definir o seu filme pela classe ou grupo social que irá retratar? Definitivamente esse não é o único recorte possível do mundo. b) por que, ao contrário por exemplo, dos cineastas argentinos e até mesmo iranianos, o cineasta brasileiro fala tão pouco de seu mundo e se dedica a falar *do outro*?

Cerca de um ano mais tarde, em troca de correspondência com João Salles, tentei uma reflexão sobre o que eu havia produzido. Embora não o conhecesse pessoalmente, resolvi lhe escrever, pois havia gostado muito de um artigo no qual ele analisava os impasses do documentário brasileiro (para mim, muito similares aos da ficção) e reivindicava o que chamou de *cinema inútil*.

Em tal artigo João constatava que, com o surgimento das mídias digitais, mais acessíveis e fáceis de operar, um enorme contingente de pessoas de diferentes classes e estratos sociais, inclusive das sociedades indígenas, estava produzindo trabalhos audiovisuais dirigidos às suas próprias comunidades. João se referia a ONGs e associações populares. Embora ainda precários quanto à qualidade, em pouco tempo evoluiriam e nós cineastas seríamos dispensáveis para uma produção voltada à instrumentalização do trabalho social e político.

Por outro lado, João se perguntava se isso faria – de todos esses novos produtores audiovisuais – cineastas. Pois registrar de forma correta é uma (grande) coisa; mas filmar bem, com talento, vocação e pensando na linguagem, é outra.

Assim, João concluía que nós, cineastas brasileiros, seríamos por fim libertados da *tirania do tema único*: *Durante longo tempo o nosso cinema documental foi um cinema feito por quem tem, filmando quem tem menos ou nada tem. É o cinema do drama social brasileiro. O sentimento pode ser bom, os filmes, nem tanto. Há uma certa monotonia de ênfase, de indignação.*

Frente a isso, João reivindicava o nosso direito a um *cinema inútil*. Inútil no sentido *de buscar em si mesmo sua razão de ser, não precisando existir senão para si mesmo* e libertando-nos *da obrigação de consertar o mundo*.

Quando li tal artigo, senti que João iluminava o debate cinematográfico em pelo menos duas questões fundamentais interligadas e que de certa maneira tinham a ver com a minha trajetória e as minhas escolhas. Eu começara com *Braços Cruzados, Máquinas Paradas*, um filme militante feito sobre o *outro* e com o *outro*. Aos poucos, me dirigi a uma ficção mais intimista e preocupada com outras instâncias da existência.

Ao acabar de ler o artigo de João Salles eu disse a mim mesmo: *eu acho que fiz um filme inútil*. Como encaixá-lo na produção brasileira daquele momento? *Jogo Subterrâneo* não era um *filme documentário* nem um *filme manifesto* – seja político, seja de linguagem; era um filme *para dentro*. Tampouco tratava das questões sociais emergenciais do nosso país; de fato emergenciais e importantes, temas que correspondem a uma *identidade* que sobretudo os europeus *conscientes, críticos e culpados* moldaram para nós (chego a dizer que há certo prazer expiatório na contemplação e na reafirmação dessa condição) e que nós mesmos introjetamos.

Jogo Subterrâneo tampouco carregava o exotismo e a excentricidade tropical (outra faceta dessa mesma visão estigmatizada); era um filme urbano de uma cidade dura e desumana como é São Paulo ou qualquer outra grande metrópole do mundo contemporâneo.

Tampouco tratava de um universo arcaico com o qual gostam de nos identificar; mas do mal-estar do homem e da mulher de nossos dias. E embora seja um filme atormentado, seu final não é cínico como rezam os cânones da moda cinematográfica contemporânea – meu personagem se transformava. Apesar das evidências e do justificado desencanto desse início de século eu teimava em acreditar no homem. E essa tímida esperança foi vista como uma concessão ao *happy end*.

Para completar, meu filme fugia a uma tendência hegemônica que se apropria da estética documental e num hiper-realismo busca convencer que o que se mostra é o *real*. *Jogo Subterrâneo* caminhava numa linha tênue, pois, embora fosse esteticamente realista, buscava construir uma fábula moderna passada em um universo paralelo. Poética que sempre fez parte dos filmes que mais admiro e que me fizeram amar o cinema.

Porém, quem sabe nós, cineastas brasileiros, estejamos condenados a um cinema que fale de *nossa realidade*. O que é isso? Qual realidade? A esse respeito, parodio o antropólogo Eduardo Viveiros de Castro: como cidadão, sou brasileiro. Mas como cineasta não acho que o meu tema deva ser obrigatoriamente a chamada *realidade brasileira*, de resto uma intraduzível noção. Os físicos brasileiros não estudam a *realidade brasileira*. Eles pesquisam apenas a realidade. Por que um cineasta não pode trabalhar a sua linguagem da mesma forma? Walter Lima Jr já disse que um *close* não tem pátria. Para mim, o Brasil é uma circunstância, não o foco.

Após o lançamento no Brasil, acompanhei *Jogo Subterrâneo* a alguns festivais no exterior onde foi premiado e reconhecido. Precisava me afastar daqui e pensar no que fazer.

Surpreendentemente, o filme provocou maior interesse nos Estados Unidos do que na Europa. Participei de debates curiosos dos quais saí com a impressão que o americanos (que frequentam festivais) são mais abertos, sinceros e menos arrogantes do que os europeus (que frequentam festivais). Estes últimos estão sempre esperando o mesmo discurso de nossos filmes. Como já disse Joãozinho Trinta, *amam a nossa miséria* com a qual podem expiar o pecado de viverem no luxo.

A partir de 2006, comecei a desenvolver alguns projetos; a maioria deles encomendada por produtores. Muitos seguem em andamento, o caminho para viabilizar um filme é tortuoso e longo. Vivemos dias nos quais fazer um filme tem pouco a ver com a decisão ou o impulso de um cineasta, tantas são as injunções. Para fazer cinema são necessárias muita paciência, tenacidade, capacidade para suportar humilhações e, como disse Cortázar, uma ingênua esperança que nos permite seguir vivendo.

Nestes últimos anos comecei a dar aulas, atividade que pode ser muito estimulante quando sentimos real interesse e vocação nos alunos. Foi também uma grande oportunidade para sistematizar as coisas que fiz e o que aprendi. As aulas de que gosto são aquelas ligadas à prática, evito a teoria, pois nunca tive uma ligação acadêmica com o cinema.

O final deste depoimento é obviamente inconclusivo; minha vida segue em aberto. Certas coisas ou questões sobre as quais não falei ainda necessitam de um olhar com maior perspectiva no tempo. Outras, de foro íntimo, assim permanecerão.

Certa vez, fui convidado a dar uma palestra em minha ex-escola para estudantes que pretendiam fazer cinema. Devia falar da minha profissão, do mercado de trabalho, etc.. Naquele momento vivíamos mais uma crise econômica das muitas que atravessamos. Sem trabalho há meses, pensava, enquanto dirigia meu carro, no que iria dizer àqueles jovens. Só uma coisa me veio à mente: *Ninguém tem o direito de destruir o sonho dos outros*.

Se, em algum momento, pensei em abandonar o cinema, como já fizeram alguns profissionais de talento em todo o mundo, jamais levei isso verdadeiramente a sério. Minha vida não são os meus filmes, mas posso afirmar o contrário.

A maior parte dos lugares que conheci e das coisas que aprendi devo ao ofício de fazer filmes.

Devo também ao cinema uma parte considerável dos verdadeiros amigos que fiz. A amizade no cinema nasce durante os trabalhos que realizamos, momento privilegiado para se conhecer alguém de verdade. A convivência dia após dia, durante o trabalho intenso e estressante, derruba rapidamente as aparências. Ainda na universidade, um amigo antropólogo costumava me dizer que as pessoas revelam mesmo quem são no trabalho. Em meu idealismo juvenil, me chocava com a dureza de sua observação, mas é a mais pura verdade. É também no trabalho que muitas amizades terminam definitivamente.

Não teria escrito esse depoimento *em trânsito* se não fosse cobrado. Mas o resgate de muitas coisas que me pareciam esquecidas surpreendeu-me e fez com que eu encarasse o momento que atravesso em perspectiva.

Filmar é um privilégio? Para mim, é. Brincar de ser Deus é também esquecer-se da árdua luta e do longo tempo atravessado para viver esse breve momento em que tudo parece fazer sentido, o presente reina soberano e a vida supera a morte.

Sigo trabalhando para viver novos momentos assim; há algumas luzes no fim do túnel, resta saber qual seguirá brilhando.

Junho de 2010

Sílvio Renoldi

(Vi) vendo e Aprendendo[75]

Devia ser muito cedo quando cheguei àquela padaria do Bixiga. A neblina ainda cobria a cidade. Eu olhava para o velho casarão amarelo do outro lado da rua onde ficava a Oca Cinematográfica tentando adivinhar quem seria ele entre os poucos que passavam na Treze de Maio. Talvez pelo meu nervosismo, tenha levado mais tempo do que seria o normal para notar o velho Dodge Dart vermelho estacionado justo em frente, dentro do qual eu pude perceber através dos vidros embaçados um homem que dormia. Hesitante, bati no vidro *Você deve ser o Sílvio*... Ele me olhou através do vidro abaixado, fazendo que sim com um gesto da cabeça, devia ter uns quarenta e poucos anos, mas aparentava mais, quem sabe devido ao corpo pesado e ao descuido com que se vestia. *O Hector deve ter te falado de mim, mas eu queria te encontrar antes que ele chegasse. Quero que você se sinta à vontade se já tiver um outro assistente, além do que eu não manjo nada, tô só começando*... Sílvio Renoldi sorriu levemente – um sorriso

[75] Caderno 2 – O Estado de S. Paulo – 22/02/2004

cansado que lembrava o de um menino. *Não esquenta, vai olhando que você aprende*... Era o primeiro dia de montagem de *Lucio Flávio, o Passageiro da Agonia*, de Hector Babenco. Eu tinha 19 anos e estagiava em montagem na Oca, enquanto cursava a faculdade de uma profissão que eu não iria seguir.

Sílvio começou a montar pela cena 54, era quase o fim do filme (!!!) – a cena em que Milton Gonçalves visita Reginaldo Farias (Lucio Flávio) na prisão. Por que começaram por aquela cena não tive coragem de perguntar e nunca soube; de resto, o filme não foi montado na ordem, o que nunca pareceu importuná-lo. Sílvio montava cena por cena, a narrativa ainda não o preocupava naquela fase inicial. Cada cena tinha sua lata, suas reservas e seus cortes (sobras de tomadas utilizadas) – hoje, com a *montagem virtual* isso parece coisa da Idade da Pedra, mas mesmo naquela época a montagem chamava a atenção por se tratar de um processo eminentemente artesanal em contraponto por exemplo, com os equipamentos de filmagem e mesmo com os de sonorização e mixagem. Muitas vezes a sala de montagem, depois de algumas horas, parecia ser o salão de um clube no fim de um baile de carnaval, com retalhos de filme, tal qual serpentina, espalhados por todo canto. Mas essa nunca foi a sala do Sílvio. Ele era de uma organização impecável, lembrava onde tinha pendurado cada corte entre os inúmeros que pendiam da borda da moviola. Ao contrário de muitos que pareciam montar num ritmo alucinante e batiam na coladeira de durex com estardalhaço a cada nova emenda, o que chamava atenção no Sílvio eram a suavidade e a fluidez no trabalho, puxava o filme e o manuseava com delicadeza, como se fosse a rédea de um puro-sangue; e a precisão das soluções compensava com larga vantagem a operação artesanalmente rápida de alguns. Por outro lado, não havia nele sinal de qualquer reverência mistificadora com o trabalho; colocava-se como um sapateiro caprichando na meia-sola. Ele sabia que ao seu lado estaria sempre um diretor ansioso e preocupado com o resultado das filmagens que naquele momento começavam a ganhar forma – plano a plano, tijolo por tijolo um filme começaria a surgir. Eu me sentia privilegiado de poder estar ao lado de alguém que havia montado – entre inúmeros outros filmes importantes – coisas tão diferentes e belas como *A Hora e a Vez de Augusto Matraga* e *O Bandido da Luz Vermelha*, embora às vezes ele me entregasse um maço de volantes para levar à lotérica ou ainda um pacote para entregar na rodoviária; nada demais, essa tinha sido a sua escola. O Sílvio montava calado, nunca ouvi de sua boca uma teorização ou comentário conceitual; às vezes em meio ao trabalho lembrava de um fato engraçado sobre um ator, do tamanho do peixe que pescara no último fim de semana, ou ainda uma receita diferente de milanesa (mesmo às sete e meia da manhã) – era visível que ele gostava de estar ali, ludicamente dando à luz um filme, como um parteiro atento e silencioso, enquanto eu tentava imaginar o que se passava por sua cabeça. O Sílvio agia como um mágico cuja plateia era ele mesmo e, logo no primeiro dia, presenciei um número que me deixou atônito. Ele assistiu a todos os planos e tomadas da cena pouquíssimas vezes – que eu me recorde, no máximo duas, tinha uma memória impressionante, era capaz de lembrar do dedo mindinho de um nenê deitado em um berço que fazia um movimento quase imperceptível somente na 5ª tomada – e após esse contato com o material, assistiu-o novamente mas só que, desta feita, já assinalando a película com o lápis dermatográfico, marcando a entrada e a saída de cada plano selecionado. A seguir, montava a cena enquanto o rolo ia sendo rebobinado, isto é, do fim para o início (!!!),emendando o filme nos pontos que havia marcado, de forma que, ao fim da rebobinagem, a cena estava *magicamente* montada.

Alguns dirão que isso é folclore e até poderia ser se não se tratasse do Sílvio, se não pudéssemos comprovar a qualidade de seu trabalho pela sua filmografia, se os diretores com quem trabalhou não tivessem por ele a admiração e o respeito que ele fazia por merecer. A montagem muitas vezes é algo bastante difícil de julgar, as importantes e definitivas decisões tomadas na sala escura são aparentemente quase imperceptíveis com o filme pronto, principalmente quando se trata de películas em que não lhe cabe um papel exuberante como ocorre por exemplo, na brilhante e criativa montagem de *Cidade de Deus*. Há profissionais que dizem que só é possível julgar um montador se tivermos conhecimento da totalidade do material bruto que ele teve em mãos. Embora isso seja rigorosamente verdade, eu não chegaria a tanto. Para mim, qualquer que seja o filme, seu andamento sempre obedecerá a uma música inaudível, uma música para se ver e sentir como uma experiência física. Os grandes montadores são aqueles que sabem descobrir qual é a *música* que o material bruto de cada filme traz escondida. Isso sem falar na necessária visão estrutural que permitirá inversão na ordem das cenas e muitas vezes a sua eliminação. Há uma frase de Robert Bresson que diz que um filme nasce três vezes: na escritura do roteiro; nas filmagens e, por fim, na montagem. Trata-se aqui de uma grande sensibilidade e uma profunda intimidade com o material e com a linguagem cinematográfica que o garoto pobre que começou varrendo as salas de montagem dos estúdios Maristela – que ficavam nas vizinhanças de onde morava no início dos anos 1950 – foi aos poucos desenvolvendo de tanto ver e experimentar a alquimia que nasce de um pedaço de filme justaposto a outro. *Ver* era a receita do Sílvio; logo percebi que de nada adiantava perguntar-lhe alguma coisa: *Presta atenção que você aprende*... É isso aí...

Roberto Gervitz

Fichas Técnicas

• ***Parada Geral***

1975; Documentário; Super 8; Cor; dur.: 14 minutos; Direção Roberto Gervitz e Sergio Toledo Segall; Câmera: Hugo Lenzi e Sergio Toledo Segall; Edição Roberto Gervitz e Sergio Toledo Segall; Trilha Sonora: Roberto Gervitz

• ***A História dos Ganha-Pouco***

1976; Documentário; Super 8; Cor; dur.: 40 minutos; realização coletiva do Grupo Tarumã: Sarah Yakhni, Sergio Magini, o *Serjão*, Luiz Henrique Xavier, Antonio Carlos Castro, o *Taso*, Wanda Caldeira Brant, André Singer, Nora Pelbart; Direção Roberto Gervitz e Sergio Toledo Segall; Fotografia e Câmera: Sergio Magini; Edição: Roberto Gervitz e Sergio Toledo Segall; Trilha Sonora produzida por Luiz Henrique Xavier; Edição de Som; Roberto Gervitz; Mixagem: Hugo Gama; Luiz Henrique Xavier; Sergio Toledo Segall e Roberto Gervitz

• ***Braços Cruzados, Máquinas Paradas***

1978; Documentário; 16 mm; P/B; dur.: 75 minutos; Produção: Vagalume Produções Cinematográficas Ltda./ Grupo Tarumã; Direção: Roberto Gervitz e Sergio Toledo Segall; Fotografia e Câmera: Aloysio Raulino; Montagem: Roberto Gervitz e Sergio Toledo Segall; Trilha Musical: Luiz

Henrique Xavier; Som direto: Roberto Gervitz; Edição de Som: Roberto Gervitz; Produção Executiva: Roberto Gervitz e Sergio Toledo Segall; Direção de Produção: Hugo Gama; Mixagem: Walter Rogério/Stopfilm

Prêmio: FESTIVAL INTERNACIONAL DE LEIPZIG (Alemanha Oriental – 1979) – Prêmio Especial do Júri;

Participações em Festivais e Mostras:
FÓRUM DO JOVEM CINEMA DO FESTIVAL DE BERLIM (Alemanha Ocidental – 1980); FESTIVAL DEL NUEVO CINE LATINOAMERICANO (Cuba – 1979); IV MOSTRA DE CINEMA DE SÃO PAULO (Brasil – 1979)

• ***Feliz Ano Velho***
1988; Ficção; 35 mm; Cor; dur.: 110 minutos; Dolby Stereo; Direção e Roteiro: Roberto Gervitz; Inspirado no livro de mesmo nome de Marcelo Rubens Paiva; Direção de Fotografia e Câmera: César Charlone; Direção de Arte: Clovis Bueno; Música: Luiz Henrique Xavier; Coreografia: J.C. Violla; Montagem: Galileu Garcia Junior; Edição de Som: Roberto Gervitz, Criação de Som: Roberto Ferraz; Mixagem José Luis Sasso; Direção de Produção: Boby Costa; Produção Executiva Adjunta: Suzana Villas Boas; Produção Executiva: Claudio Khans.

Elenco: Marcos Breda: *Mário*; Malu Mader: *Ana/Angela*; Eva Wilma: *Lúcia*; Isabel Ribeiro: *Gisela*; Marco Nanini: *Beto*; Carlos Loffler: *Klauss*; Odilon Wagner: *Carlos*; Betty Gofman: *Soninha*; Alfredo Damiano: *Arnaldo*; Augusto Pompeo: *Edu*; Júlio Levy: *Gorda*; Flávio São Thiago: *Salvador*; Gabriela Oliveira: *Irmã de Mário.*

Prêmios e participações em Festivais e Mostras: FESTIVAL DE GRAMADO (Brasil – 1988) – Prêmio Especial do Júri; Melhor Filme do Júri Popular; Roteiro – Roberto Gervitz; Fotografia: César Charlone; Figurinos: Clóvis Bueno; Som: José Luiz Sasso (mixagem); Roberto Gervitz e Galileu Garcia Jr. (edição de som); Karen Stuckensmidt (som direto); Roberto Ferraz (edição de som); Menção Honrosa para Música: Luiz Henrique Xavier.

5º RIO CINE-FESTIVAL (Brasil – 1989) – Melhor Ator: Marcos Breda; Melhor Atriz Coadjuvante – Eva Wilma; Melhor Roteiro – Roberto Gervitz; Melhor Montagem: Galileu Garcia Junior; Melhor Produção: Cláudio Kahns/Tatu Filmes

FESTIVAL DE NATAL (Brasil – 1988) – Melhor Atriz Coadjuvante – Eva Wilma; Prêmio da Crítica para Melhor Diretor: Roberto Gervitz; Menção Honrosa para Ator: Marcos Breda

FESTIVAL INTERNACIONAL DEL NUEVO CINE LATINOAMERICANO (Cuba – 1988): Prêmio da Organização Continental Latino-Americana de Estudantes

INCONTRI INTERNAZIONALI DEL CINEMA BRASILIANO – SORRENTO (Itália – 1988).

• *Um Norte para o Sul*

1995; Documentário; MiniDV Cam; Cor; dur.: 15 minutos; Produção: Vagalume Produções Cinematográficas; Roteiro e Direção: Roberto Gervitz: Fotografia e Câmera: Carlos Ebert; Som Direto: Roberto Gervitz; Trilha Musical: Luiz Henrique Xavier; Edição: Maurício Cavalieri; Mixagem: Miriam Bidermam (Effects); Narração: Fabiano Augusto; filme produzido para a ONG Ação Educativa.

• *Jogo Subterrâneo*

2004; Ficção; Super 16 mm/35 mm; Cor; dur.: 108 minutos; Dolby Digital; Direção: Roberto Gervitz; Roteiro: Jorge Durán e Roberto Gervitz com colaboração de Francisco Ramalho Jr.; Baseado no conto *Manuscrito Encontrado em um Bolso*, de Julio Cortázar; Produção Executiva: Francisco Ramalho Jr.; Produtor Delegado: Paulo Guaspari; Direção de Fotografia e Câmera: Lauro Escorel; Direção de Arte: Adrian Cooper; Música: Luiz Henrique Xavier; Montagem: Manga Campion;

Desenho de Som: Alessandro Laroca; Som Direto: Geraldo Ribeiro; Figurinos: Joana Porto; Cenografia: Ana Claudia Piacenti e Helio Pugliese; Direção de Produção: Wellington Pingo; Maquiagem: Donna Meirelles; *Casting*: Vivien Golombeck; Fotos de Abertura: Bob Wolfenson; Preparação de Atores: Christian Duurvoort; Preparação Musical: Márcio Tinoco; 1os Assistentes de Direção: Inês Mulin e Cecília Amado; 2ª assistente: Maria Farkas; Supervisão de Pós-Produção: Gustavo Gaiarsa; *Still* e *Making-of*: Matthieu Rougé; *Story board*: Laurent Cardon; Produção: Vagalume Produções Cinematográficas; Miravista e Grapho Produções Cinematográficas.

Elenco: Felipe Camargo: *Martín*; Maria Luisa Mendonça: *Ana*; Julia Lemmertz: *Laura*; Daniela Escobar: *Tânia*; Maitê Proença: *Mercedes*; Thávyne Ferrari: *Victoria*; Fausto Maule: *Tadeu*; Sabrina Greve: *Sofia*; Zé Victor Castiel: *Gordo*.

Prêmios em Festivais e Mostras:
17º FESTIVAL INTERNACIONAL DE PALM SPRINGS (USA – 2006) – Prêmio Especial Júri de Melhor Filme; 23º FESTIVAL INTERNACIONAL CINEMA NOVO (BÉLGICA – 2006) – Melhor Direção; 27º FESTIVAL DEL NUEVO CINE LATIOAMERICANO (CUBA – 2005) – Melhor Música Original e Melhor Montagem; 10º FESTIVAL DE CINEMA DE MIAMI (USA – 2006) – Melhor Montagem; 2º PREMIO

FIESP/SESI DO CINEMA PAULISTA (BRASIL – 2006) – Melhor Fotografia.

Participações em Festivais e Mostras:
53ª Festival de San Sebastián – Mostra Zabaltegui – Espanha – 2005; 49º Festival Internacional de San Francisco – USA – 2006; 20º Festival Internacional de Washington, DC – USA – 2006; I Festival de Cinema Latino-Americano de São Paulo – Brasil – 2006; 10º Festival ElCine de Lima – Peru – 2006; Festival de Cine de Guayaquil – Ecuador – 2006; 4º Festival de Cinema Brasileiro de Nova York – USA – 2006; 8th Film By The Sea – Holanda – 2006; 55º Festival Internacional de Cine de Mannheim – Heidelberg – Alemanha-2006; 47º Festival de Cartagena de Índias – Colômbia – 2007; Mostra Especial de Cine Brasileiro – XXII Festival Internacional de Cine de Guadalajara – Mexico – 2007; 17° Festival Internacional de Cine Paraguay

• ***Além da Imaginação*** – episódio da série ***Carandiru – Outras Histórias***
2005; Ficção; Super 16 mm; Cor; dur.: 30 minutos; Direção Geral: Hector Babenco; Direção: Roberto Gervitz; Roteiro; Fernando Bonassi, Victor Navas e Hector Babenco; Produtores: Fabiano Gullane e Eliana Soárez; Direção de Fotografia: Hélcio *Alemão* Nagamine; Direção de Arte: Marcos Pedroso e Clovis Bueno; Mon-

tagem: Willem Dias; Música: André Abujamra; Som Direto: Romeu Quinto; Edição de Som: Miriam Biderman e Ricardo Reis; Desenho de Produção: Caio Gullane; Direção de Produção: André Montenegro e Rui Pires, Preparação de Atores: Sergio Penna; 1ª Assistente de Direção: Inês Moulin, 2ª Assistente de Direção: Luciana Baptista; *Still*: Christiana Carvalho.

Elenco: Robson Nunes; Luiz Carlos Vasconcelos, Graça de Andrade; Aldo Bueno; Vanderlei Bernardino e Rafael Primo.

• ***Indulto de Natal*** – episódio da série
Carandiru – Outras Histórias

2005; Ficção; Super 16 mm; Cor; dur.: 30 minutos; Direção Geral: Hector Babenco; Direção: Roberto Gervitz; Roteiro: Fernando Bonassi, Victor Navas e Hector Babenco; Produtores: Fabiano Gullane e Eliana Soárez; Direção de Fotografia: Hélcio *Alemão* Nagamine; Direção de Arte: Marcos Pedroso e Clovis Bueno; Montagem: Willem Dias; Música: André Abujamra; Som Direto: Romeu Quinto; Edição de Som: Miriam Biderman e Ricardo Reis; Desenho de Produção: Caio Gullane; Direção de Produção: André Montenegro e Rui Pires; Preparação de Atores: Sergio Penna; 1ª Assistente de Direção: Inês Moulin, 2ª Assistente de Direção: Luciana Baptista; *Still*: Christiana Carvalho.

Elenco: Ailton Graça; Aida Leiner, Maria Luisa Mendonça; Luiz Carlos Vasconcelos; Ivan de Almeida; Antonio Grassi; Ângela Corrêa e Otávio Augusto.

• ***Pais e Filhos*** – episódio da série
Carandiru – Outras Histórias
2005; Ficção; Super 16 mm; Cor; dur.: 30 minutos; Direção Geral: Hector Babenco; Direção: Roberto Gervitz; Roteiro; Fernando Bonassi, Victor Navas e Hector Babenco; Produtores: Fabiano Gullane e Eliana Soárez; Direção de Fotografia: Hélcio *Alemão* Nagamine; Direção de Arte: Marcos Pedroso e Clovis Bueno; Montagem: Willem Dias; Música: André Abujamra; Som Direto: Romeu Quinto; Edição de Som: Miriam Biderman e Ricardo Reis; Desenho de Produção: Caio Gullane; Direção de Produção: André Montenegro e Rui Pires, Preparação de Atores: Sergio Penna; 1ª Assistente de Direção: Inês Moulin, 2ª Assistente de Direção: Luciana Baptista; *Still*: Christiana Carvalho.

Elenco: Sidney Santiago; Sabrina Greve; Ivan de Almeida; Ângela Corrêa; Luiz Carlos Vasconcelos; Antonio Grassi e Caio Blat .

• ***O Gênio do Crime*** – episódio da série
Carandiru – Outras Histórias
2005; Ficção; Super 16 mm; Cor; dur.: 30 minutos; Direção Geral: Hector Babenco; Direção: Roberto

Gervitz; Roteiro; Fernando Bonassi, Victor Navas e Hector Babenco; Produtores: Fabiano Gullane e Eliana Soárez; Direção de Fotografia: José Roberto Eliezer; Direção de Arte: Marcos Pedroso e Clovis Bueno; Montagem: Willem Dias; Música: André Abujamra; Som Direto: Romeu Quinto; Edição de Som: Miriam Biderman e Ricardo Reis; Desenho de Produção: Caio Gullane; Direção de Produção: André Montenegro e Rui Pires, Preparação de Atores: Sergio Penna; 1ª Assistente de Direção: Inês Moulin, 2ª Assistente de Direção: Luciana Baptista; *Still*: Christiana Carvalho.

Elenco: Floriano Peixoto; Vanessa Gerbelli; Luiz Carlos Vasconcelos; Antonio Grassi; Carlos Mossy e Dionísio Neto.

Índice

Crédito das Fotografias

Acervo Tatu Filmes 156, 161, 162, 164

Christiana Carvalho 337, 339

Geraldo Ribeiro 273, 280, 296, 334

Maria Elisa 115, 117, 120, 127, 129, 132, 135, 138, 139, 141, 143, 144, 146, 148, 149, 151, 155, 159, 166

Matthieu Rougé 276, 282, 285, 288, 290, 292, 294, 301, 303, 309, 311, 314, 316, 318, 321, 327

Nair Benedicto 61, 69

A despeito dos esforços de pesquisa empreendidos pela Editora para identificar a autoria das fotos expostas nesta obra, parte delas não é de autoria conhecida de seus organizadores.
Agradecemos o envio ou comunicação de toda informação relativa à autoria e/ou a outros dados que porventura estejam incompletos, para que sejam devidamente creditados.

Coleção Aplauso

Série Cinema Brasil

Alain Fresnot – Um Cineasta sem Alma
Alain Fresnot

Agostinho Martins Pereira – Um Idealista
Máximo Barro

Alfredo Sternheim – Um Insólito Destino
Alfredo Sternheim

O Ano em Que Meus Pais Saíram de Férias
Roteiro de Cláudio Galperin, Bráulio Mantovani, Anna Muylaert e Cao Hamburger

Anselmo Duarte – O Homem da Palma de Ouro
Luiz Carlos Merten

Antonio Carlos da Fontoura – Espelho da Alma
Rodrigo Murat

Ary Fernandes – Sua Fascinante História
Antônio Leão da Silva Neto

O Bandido da Luz Vermelha
Roteiro de Rogério Sganzerla

Batismo de Sangue
Roteiro de Dani Patarra e Helvécio Ratton

Bens Confiscados
Roteiro comentado pelos seus autores Daniel Chaia e Carlos Reichenbach

Braz Chediak – Fragmentos de uma Vida
Sérgio Rodrigo Reis

Cabra-Cega
Roteiro de Di Moretti, comentado por Toni Venturi e Ricardo Kauffman

O Caçador de Diamantes
Roteiro de Vittorio Capellaro, comentado por Máximo Barro

Carlos Coimbra – Um Homem Raro
Luiz Carlos Merten

Carlos Reichenbach – O Cinema Como Razão de Viver
Marcelo Lyra

A Cartomante
Roteiro comentado por seu autor Wagner de Assis

Casa de Meninas
Romance original e roteiro de Inácio Araújo

O Caso dos Irmãos Naves
Roteiro de Jean-Claude Bernardet e Luis Sérgio Person

O Céu de Suely
Roteiro de Karim Aïnouz, Felipe Bragança e Maurício Zacharias

Chega de Saudade
Roteiro de Luiz Bolognesi

Cidade dos Homens
Roteiro de Elena Soárez

Como Fazer um Filme de Amor
Roteiro escrito e comentado por Luiz Moura e José Roberto Torero

O Contador de Histórias
Roteiro de Luiz Villaça, Mariana Veríssimo, Maurício Arruda e José Roberto Torero

Críticas de B.J. Duarte – Paixão, Polêmica e Generosidade
Luiz Antonio Souza Lima de Macedo

Críticas de Edmar Pereira – Razão e Sensibilidade
Org. Luiz Carlos Merten

Críticas de Jairo Ferreira – Críticas de invenção: Os Anos do São Paulo Shimbun
Org. Alessandro Gamo

Críticas de Luiz Geraldo de Miranda Leão – Analisando Cinema: Críticas de LG
Org. Aurora Miranda Leão

Críticas de Ruben Biáfora – A Coragem de Ser
Org. Carlos M. Motta e José Júlio Spiewak

De Passagem
Roteiro de Cláudio Yosida e Direção de Ricardo Elias

Desmundo
Roteiro de Alain Fresnot, Anna Muylaert e Sabina Anzuategui

Djalma Limongi Batista – Livre Pensador
Marcel Nadale

Dogma Feijoada: O Cinema Negro Brasileiro
Jeferson De

Dois Córregos
Roteiro de Carlos Reichenbach

A Dona da História
Roteiro de João Falcão, João Emanuel Carneiro e Daniel Filho

Os 12 Trabalhos
Roteiro de Cláudio Yosida e Ricardo Elias

Estômago
Roteiro de Lusa Silvestre, Marcos Jorge e Cláudia da Natividade

Feliz Natal
Roteiro de Selton Mello e Marcelo Vindicatto

Fernando Meirelles – Biografia Prematura
Maria do Rosário Caetano

Fim da Linha
Roteiro de Gustavo Steinberg e Guilherme Werneck; Storyboards de Fábio Moon e Gabriel Bá

Fome de Bola – Cinema e Futebol no Brasil
Luiz Zanin Oricchio

Francisco Ramalho Jr. – Éramos Apenas Paulistas
Celso Sabadin

Geraldo Moraes – O Cineasta do Interior
Klecius Henrique

Guilherme de Almeida Prado – Um Cineasta Cinéfilo
Luiz Zanin Oricchio

Helvécio Ratton – O Cinema Além das Montanhas
Pablo Villaça

O Homem que Virou Suco
Roteiro de João Batista de Andrade, organização de Ariane Abdallah e Newton Cannito

Ivan Cardoso – O Mestre do Terrir
Remier

João Batista de Andrade – Alguma Solidão e Muitas Histórias
Maria do Rosário Caetano

Jorge Bodanzky – O Homem com a Câmera
Carlos Alberto Mattos

José Antonio Garcia – Em Busca da Alma Feminina
Marcel Nadale

José Carlos Burle – Drama na Chanchada
Máximo Barro

Liberdade de Imprensa – O Cinema de Intervenção
Renata Fortes e João Batista de Andrade

Luiz Carlos Lacerda – Prazer & Cinema
Alfredo Sternheim

Maurice Capovilla – A Imagem Crítica
Carlos Alberto Mattos

Mauro Alice – Um Operário do Filme
Sheila Schvarzman

Máximo Barro – Talento e Altruísmo
Alfredo Sternheim

Miguel Borges – Um Lobisomem Sai da Sombra
Antônio Leão da Silva Neto

Não por Acaso
Roteiro de Philippe Barcinski, Fabiana Werneck Barcinski
e Eugênio Puppo

Narradores de Javé
Roteiro de Eliane Caffé e Luís Alberto de Abreu

Olhos Azuis
Argumento de José Joffily e Jorge Duran
Roteiro de Jorge Duran e Melanie Dimantas

Onde Andará Dulce Veiga
Roteiro de Guilherme de Almeida Prado

Orlando Senna – O Homem da Montanha
Hermes Leal

Pedro Jorge de Castro – O Calor da Tela
Rogério Menezes

Quanto Vale ou É por Quilo
Roteiro de Eduardo Benaim, Newton Cannito e Sergio Bianchi

Ricardo Pinto e Silva – Rir ou Chorar
Rodrigo Capella

Rodolfo Nanni – Um Realizador Persistente
Neusa Barbosa

Salve Geral
Roteiro de Sergio Rezende e Patrícia Andrade

O Signo da Cidade
Roteiro de Bruna Lombardi

Ugo Giorgetti – O Sonho Intacto
Rosane Pavam

Viva-Voz
Roteiro de Márcio Alemão

Vladimir Carvalho – Pedras na Lua e Pelejas no Planalto
Carlos Alberto Mattos

Vlado – 30 Anos Depois
Roteiro de João Batista de Andrade

Zuzu Angel
Roteiro de Marcos Bernstein e Sergio Rezende

Série Cinema

Bastidores – Um Outro Lado do Cinema
Elaine Guerini

Série Ciência & Tecnologia

Cinema Digital – Um Novo Começo?
Luiz Gonzaga Assis de Luca

A Hora do Cinema Digital – Democratização e Globalização do Audiovisual
Luiz Gonzaga Assis De Luca

Série Crônicas

Crônicas de Maria Lúcia Dahl – O Quebra-cabeças
Maria Lúcia Dahl

Série Dança

Rodrigo Pederneiras e o Grupo Corpo – Dança Universal
Sérgio Rodrigo Reis

Série Música

Maestro Diogo Pacheco – Um Maestro para Todos
Alfredo Sternheim

Rogério Duprat – Ecletismo Musical
Máximo Barro

Sérgio Ricardo – Canto Vadio
Eliana Pace

Wagner Tiso – Som, Imagem, Ação
Beatriz Coelho Silva

Série Teatro Brasil

Alcides Nogueira – Alma de Cetim
Tuna Dwek

Antenor Pimenta – Circo e Poesia
Danielle Pimenta

Cia de Teatro Os Satyros – Um Palco Visceral
Alberto Guzik

Críticas de Clóvis Garcia – A Crítica Como Ofício
Org. Carmelinda Guimarães

Críticas de Maria Lucia Candeias – Duas Tábuas e Uma Paixão
Org. José Simões de Almeida Júnior

Federico Garcia Lorca – Pequeno Poema Infinito
Antonio Gilberto e José Mauro Brant

Ilo Krugli – Poesia Rasgada
Ieda de Abreu

João Bethencourt – O Locatário da Comédia
Rodrigo Murat

José Renato – Energia Eterna
Hersch Basbaum

Leilah Assumpção – A Consciência da Mulher
Eliana Pace

Luís Alberto de Abreu – Até a Última Sílaba
Adélia Nicolete

Maurice Vaneau – Artista Múltiplo
Leila Corrêa

Renata Palottini – Cumprimenta e Pede Passagem
Rita Ribeiro Guimarães

Teatro Brasileiro de Comédia – Eu Vivi o TBC
Nydia Licia

O Teatro de Abílio Pereira de Almeida
Abílio Pereira de Almeida

O Teatro de Aimar Labaki
Aimar Labaki

O Teatro de Alberto Guzik
Alberto Guzik

O Teatro de Antonio Rocco
Antonio Rocco

O Teatro de Cordel de Chico de Assis
Chico de Assis

O Teatro de Emílio Boechat
Emílio Boechat

O Teatro de Germano Pereira – Reescrevendo Clássicos
Germano Pereira

O Teatro de José Saffioti Filho
José Saffioti Filho

O Teatro de Alcides Nogueira – Trilogia: Ópera Joyce – Gertrude Stein, Alice Toklas & Pablo Picasso – Pólvora e Poesia
Alcides Nogueira

O Teatro de Ivam Cabral – Quatro textos para um teatro veloz: Faz de Conta que tem Sol lá Fora – Os Cantos de Maldoror – De Profundis – A Herança do Teatro
Ivam Cabral

O Teatro de Noemi Marinho: Fulaninha e Dona Coisa, Homeless, Cor de Chá, Plantonista Vilma
Noemi Marinho

Teatro de Revista em São Paulo – De Pernas para o Ar
Neyde Veneziano

O Teatro de Samir Yazbek: A Entrevista – O Fingidor – A Terra Prometida
Samir Yazbek

O Teatro de Sérgio Roveri
Sérgio Roveri

Teresa Aguiar e o Grupo Rotunda – Quatro Décadas em Cena
Ariane Porto

Série Perfil

Analy Alvarez – De Corpo e Alma
Nicolau Radamés Creti

Aracy Balabanian – Nunca Fui Anjo
Tania Carvalho

Arllete Montenegro – Fé, Amor e Emoção
Alfredo Sternheim

Ary Fontoura – Entre Rios e Janeiros
Rogério Menezes

Berta Zemel – A Alma das Pedras
Rodrigo Antunes Corrêa

Bete Mendes – O Cão e a Rosa
Rogério Menezes

Betty Faria – Rebelde por Natureza
Tania Carvalho

Carla Camurati – Luz Natural
Carlos Alberto Mattos

Cecil Thiré – Mestre do seu Ofício
Tania Carvalho

Celso Nunes – Sem Amarras
Eliana Rocha

Cleyde Yaconis – Dama Discreta
Vilmar Ledesma

David Cardoso – Persistência e Paixão
Alfredo Sternheim

Débora Duarte – Filha da Televisão
Laura Malin

Denise Del Vecchio – Memórias da Lua
Tuna Dwek

Elisabeth Hartmann – A Sarah dos Pampas
Reinaldo Braga

Emiliano Queiroz – Na Sobremesa da Vida
Maria Leticia

Emilio Di Biasi – O Tempo e a Vida de um Aprendiz
Erika Riedel

Etty Fraser – Virada Pra Lua
Vilmar Ledesma

Ewerton de Castro – Minha Vida na Arte: Memória e Poética
Reni Cardoso

Fernanda Montenegro – A Defesa do Mistério
Neusa Barbosa

Fernando Peixoto – Em Cena Aberta
Marília Balbi

Geórgia Gomide – Uma Atriz Brasileira
Eliana Pace

Gianfrancesco Guarnieri – Um Grito Solto no Ar
Sérgio Roveri

Glauco Mirko Laurelli – Um Artesão do Cinema
Maria Angela de Jesus

Ilka Soares – A Bela da Tela
Wagner de Assis

Irene Ravache – Caçadora de Emoções
Tania Carvalho

Irene Stefania – Arte e Psicoterapia
Germano Pereira

Isabel Ribeiro – Iluminada
Luis Sergio Lima e Silva

Isolda Cresta – Zozô Vulcão
Luis Sérgio Lima e Silva

Joana Fomm – Momento de Decisão
Vilmar Ledesma

John Herbert – Um Gentleman no Palco e na Vida
Neusa Barbosa

Jonas Bloch – O Ofício de uma Paixão
Nilu Lebert

Jorge Loredo – O Perigote do Brasil
Cláudio Fragata

José Dumont – Do Cordel às Telas
Klecius Henrique

Leonardo Villar – Garra e Paixão
Nydia Licia

Lília Cabral – Descobrindo Lília Cabral
Analu Ribeiro

Lolita Rodrigues – De Carne e Osso
Eliana Castro

Louise Cardoso – A Mulher do Barbosa
Vilmar Ledesma

Marcos Caruso – Um Obstinado
Eliana Rocha

Maria Adelaide Amaral – A Emoção Libertária
Tuna Dwek

Marisa Prado – A Estrela, O Mistério
Luiz Carlos Lisboa

Mauro Mendonça – Em Busca da Perfeição
Renato Sérgio

Miriam Mehler – Sensibilidade e Paixão
Vilmar Ledesma

Naum Alves de Souza: Imagem, Cena, Palavra
Alberto Guzik

Nicette Bruno e Paulo Goulart – Tudo em Família
Elaine Guerrini

Nívea Maria – Uma Atriz Real
Mauro Alencar e Eliana Pace

Niza de Castro Tank – Niza, Apesar das Outras
Sara Lopes

Paulo Betti – Na Carreira de um Sonhador
Teté Ribeiro

Paulo José – Memórias Substantivas
Tania Carvalho

Paulo Hesse – A Vida Fez de Mim um Livro e Eu Não Sei Ler
Eliana Pace

Pedro Paulo Rangel – O Samba e o Fado
Tania Carvalho

Regina Braga – Talento é um Aprendizado
Marta Góes

Reginaldo Faria – O Solo de Um Inquieto
Wagner de Assis

Renata Fronzi – Chorar de Rir
Wagner de Assis

Renato Borghi – Borghi em Revista
Élcio Nogueira Seixas

Renato Consorte – Contestador por Índole
Eliana Pace

Rolando Boldrin – Palco Brasil
Ieda de Abreu

Rosamaria Murtinho – Simples Magia
Tania Carvalho

Rubens de Falco – Um Internacional Ator Brasileiro
Nydia Licia

Ruth de Souza – Estrela Negra
Maria Ângela de Jesus

Sérgio Hingst – Um Ator de Cinema
Máximo Barro

Sérgio Viotti – O Cavalheiro das Artes
Nilu Lebert

Silnei Siqueira – A Palavra em Cena
Ieda de Abreu

Silvio de Abreu – Um Homem de Sorte
Vilmar Ledesma

Sônia Guedes – Chá das Cinco
Adélia Nicolete

Sonia Maria Dorce – A Queridinha do meu Bairro
Sonia Maria Dorce Armonia

Sonia Oiticica – Uma Atriz Rodriguiana?
Maria Thereza Vargas

Stênio Garcia – Força da Natureza
Wagner Assis

Suely Franco – A Alegria de Representar
Alfredo Sternheim

Tatiana Belinky – ... E Quem Quiser Que Conte Outra
Sérgio Roveri

Theresa Amayo – Ficção e Realidade
Theresa Amayo

Tony Ramos – No Tempo da Delicadeza
Tania Carvalho

Umberto Magnani – Um Rio de Memórias
Adélia Nicolete

Vera Holtz – O Gosto da Vera
Analu Ribeiro

Vera Nunes – Raro Talento
Eliana Pace

Walderez de Barros – Voz e Silêncios
Rogério Menezes

Walter George Durst – Doce Guerreiro
Nilu Lebert

Zezé Motta – Muito Prazer
Rodrigo Murat

Especial

Agildo Ribeiro – O Capitão do Riso
Wagner de Assis

Av. Paulista, 900 – a História da TV Gazeta
Elmo Francfort

Beatriz Segall – Além das Aparências
Nilu Lebert

Carlos Zara – Paixão em Quatro Atos
Tania Carvalho

Célia Helena – Uma Atriz Visceral
Nydia Licia

Charles Möeller e Claudio Botelho – Os Reis dos Musicais
Tania Carvalho

Cinema da Boca – Dicionário de Diretores
Alfredo Sternheim

Dina Sfat – Retratos de uma Guerreira
Antonio Gilberto

Eva Todor – O Teatro de Minha Vida
Maria Angela de Jesus

Eva Wilma – Arte e Vida
Edla van Steen

Gloria in Excelsior – Ascensão, Apogeu e Queda do Maior Sucesso da Televisão Brasileira
Álvaro Moya

Lembranças de Hollywood
Dulce Damasceno de Britto, organizado por Alfredo Sternheim

Maria Della Costa – Seu Teatro, Sua Vida
Warde Marx

Mazzaropi – Uma Antologia de Risos
Paulo Duarte

Ney Latorraca – Uma Celebração
Tania Carvalho

Odorico Paraguaçu: O Bem-amado de Dias Gomes – História de um Personagem Larapista e Maquiavelento
José Dias

Raul Cortez – Sem Medo de se Expor
Nydia Licia

Rede Manchete – Aconteceu, Virou História
Elmo Francfort

Sérgio Cardoso – Imagens de Sua Arte
Nydia Licia

Tônia Carrero – Movida pela Paixão
Tania Carvalho

TV Tupi – Uma Linda História de Amor
Vida Alves

Victor Berbara – O Homem das Mil Faces
Tania Carvalho

Walmor Chagas – Ensaio Aberto para Um Homem Indignado
Djalma Limongi Batista

Dados Internacionais de Catalogação na Publicação
Biblioteca da Imprensa Oficial do Estado de São Paulo

Gervitz, Roberto
Brincando de Deus / Escrito por Roberto Gervitz a partir de depoimento a Evaldo Mocarzel – São Paulo : Imprensa Oficial do Estado de São Paulo, 2010.
408p. : il. – (Coleção aplauso. Série cinema Brasil / Coordenador geral Rubens Ewald Filho)

ISBN 978-85-7060-906-9

1. Cinema – História – Brasil 2. Cinema – Produtores e diretores – Biografia 3. Gervitz, Roberto, 1957 I. Mocarzel, Evaldo II. Ewald Filho, Rubens. III. Título. IV. Série.

CDD 791.437 098 1

Índices para catálogo sistemático:
1. Brasil : Produtores e diretores cinematográficos : biografia 791.430 981

Foi feito o depósito legal
Lei nº 10.994, de 14/12/2004

Impresso no Brasil / 2010

Imprensa Oficial do Estado de São Paulo
Rua da Mooca, 1921 Mooca
03103-902 São Paulo SP
www.imprensaoficial.com.br/livraria
livros@imprensaoficial.com.br
SAC 0800 01234 01
sac@imprensaoficial.com.br

Coleção Aplauso Cinema Brasil

Coordenador Geral	Rubens Ewald Filho
Coordenador Operacional e Pesquisa Iconográfica	Marcelo Pestana
Projeto Gráfico	Carlos Cirne
Editor Assistente	Claudio Erlichman
Assistente	Charles Bandeira
Editoração	Marilena Villavoy
	Aline Navarro
Tratamento de Imagens	José Carlos da Silva
Revisão	Wilson Ryoji Imoto

Formato: 12 x 18 cm

Tipologia: Frutiger

Papel miolo: Offset LD 90 g/m²

Papel capa: Triplex 250 g/m²

Número de páginas: 408

Editoração, CTP, impressão e acabamento:
Imprensa Oficial do Estado de São Paulo

Nesta edição, respeitou-se o novo
Acordo Ortográfico da Língua Portuguesa

imprensaoficial